浙江省科技计划重点软科学项目
"深化浙江省企业知识产权发展的思路与对策研究"
（编号：2018C25040）成果

Research on the Developing Modes and Paths
of the Urban Innovation Space

城市创新空间
发展的模式与路径研究

包海波 徐梦周 等著

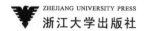

ZHEJIANG UNIVERSITY PRESS
浙江大学出版社

前　言

党的十九大报告明确指出"贯彻新发展理念，建设现代化经济体系"，核心在于以供给侧结构性改革为主线，关键在于深化创新驱动战略、建设创新型国家，基础在于提振实体经济。企业是振兴实体经济发展的主体，亦是创新创业的中坚力量。创新是引领发展的第一动力，是建设现代化经济体系的战略支撑。我国经济已由高速增长阶段转向高质量发展阶段，正处在转变发展方式、优化经济结构、转换增长动力的攻关期，当前加快建设创新型国家已经成为贯彻新发展理念、建设现代化经济体系的重要战略举措。

城市创新区是打造区域创新的重要增长极，是区域创新系统的演进与升华。当前全球创新范式正在发生转变，新范式下创新具有活动全球化、合作网络化、企业平台化、主体社会化等特点。顺应全球创新范式变化，城市创新空间出现了强调多元要素集聚、创新融合发展、创新链接以及自组织等趋势。我国建设现代化经济体系，也对城市创新空间提出了新的要求，包括创新活动需要具备的网络化、全球化特征更加突出，人才、知识、技术、资本等创新资源全球流动速度更快、范围更广、规模更大，优化城市创新空间布局迫在眉睫。

为了贯彻党的十九大精神，浙江省委十四届二次全会提出"全面实施大湾区大花园大通道大都市区建设行动计划"，开始全面建设大湾区、创新大走廊、特色小镇等平台，配置创新高端要素、优化新生产力空间布局，已经成为浙江加快供给侧结构性改革、推动经济高质量发展的新探索。近年来，浙江省加快供给侧结构性改革，全面实施创新驱动发展战略，加快推进创新强省建设，全面实施大湾区建设，加快国际化发展，加强城市群合作，旨在打造世界级创新型产业集群、现代科创中心、智能交通网络、高水平开放门户及高品质国际化城市群。

建设杭州未来科技城是浙江省加快供给侧结构性改革、实施创新驱动发展战略的重大战略举措。在各级领导和相关部门的关心支持下,经过多年的探索,杭州未来科技城初步形成了独具特色、成效显著的发展模式,特别是2016年杭州城西科创大走廊的总体规划建设,大大加快了未来科技城在重大科技创新平台建设、新兴产业前沿跟踪、高端要素集聚、城市国际化发展等方面的建设步伐,加快向高水平、国际化的一流城市创新区升级,成为浙江省供给侧结构性改革新样板和杭州城市创新发展的新引擎。

在发展过程中,未来科技城始终坚持"人才是第一资源"的核心理念,践行"人才引领、创新驱动"的发展战略,强化"产城人融合发展"的建设路径,通过构筑涵盖企业发展全过程的接力式培育链条,构建充满激情、充满活力的创新创业生态。目前,龙头企业带动下的信息经济、"产城人文"融合发展的特色小镇经济、资智深度融合的孵化经济逐渐成为未来科技城创新发展的主要模式。

总的来看,当前未来科技城创业创新活动日益蓬勃,新兴产业成长迅速,产业平台不断完善,城市创新区建设的整体成效初步显现。从2011年到2018年,未来科技城技工贸总收入年均增长率达56.3%,税收年均增长率达43.3%,集聚创新创业企业13575家,年均增长率达64.4%。2018年底,股权投资机构总数为1390家,管理资本2950亿元,入驻企业获得股权投资137.5亿元。信息经济、医疗健康等产业取得快速发展,海创园、梦想小镇、科创中心等众多科创园成为未来科技城企业培育和产业成长的核心平台。

杭州未来科技城建设实现了高水平科技创新体系打造、创新创业人才集聚、战略新兴产业集群培育、城市人居环境优化、创新创业文化培育等方面的协同发展和良性循环,形成了对打造高水平的城市创新增长极、加快经济高质量发展的积极探索与宝贵经验,为我国和浙江省加强科技城、高新区建设,建设现代化经济体系提供了有益借鉴。

目　录

第一章　城市创新空间的兴起：
背景、内涵及全球实践

当前全球新一轮科技革命和产业变革蓄势待发，科学技术从微观到宏观各个尺度向纵深演进，学科多点突破、交叉融合的趋势日益明显。信息网络、人工智能、生物技术等领域呈现群体跃进态势，颠覆性技术不断涌现，催生新经济、新产业、新业态、新模式。在这一背景下，科技创新成为各国打造国家竞争新优势的核心举措。创新在空间上有着明显的集聚现象，为了抢占全球创新高地，各国纷纷提出建设创新型国家的目标与任务，众多大城市区域也相继提出建设创新型城市、创新型区域的发展目标，比如硅谷、伦敦、东京、巴黎、新加坡和首尔等地都先后提出建设全球科技中心、世界一流创新中心等目标，表明大都市区域层面上的创新发展越发受到重视（李健，2016）。

在创新全球化背景下，创新要素开放性、流动性显著增强，其中高端创新要素的系统性东移成为全球创新格局演变中的一个重要趋势。对于处于发展新时代的中国，打造和推出一批具有更强吸引力的空间载体平台，聚集全球创新资源，已成为经济转型发展的主要方式。特别是在城市系统中，更是需要一批为创新要素和人才集聚提供更加便利的"创新熟地"。越来越多研究表明，高技术开发、创业活动和风险投资开始向城市中心以及邻近中心城区、交通便捷、混合利用、适宜步行的郊区转移，城市创新空间作为一种新的经济空间开始在全球创新城市内迅速发展，科技城、科学城、高新区等城市科技创新集聚区推动了全球创新发展的浪潮（陈恒，李文硕，2017）。

第一节　全球创新范式的转变

在全球创新版图加速重构背景下,全球创新创业进入高度密集活跃期,创新活动的网络化、全球化特征更加突出,人才、知识、技术、资本等创新资源全球流动的速度、范围和规模达到空前水平。全球创新网络的扩展和地方镶嵌以及地方创新战略发展所产生的内在需求引导城市创新空间发生了一系列重大的转变。受经济全球化、新型经济体崛起、技术进步速度加快、产品生命周期缩短等因素影响,全球创新由传统封闭式创新走向开放式创新,国家和企业的创新能力提升不再局限于独立的内部研发,而是在更大范围内,运用技术和资本等手段整合国内外创新资源,带来创新模式的重大转变。

一、创新活动全球化

在高强度研发时代,创新全球化趋势已经形成,特别是主导着全球企业研发的大型跨国公司加快在全球布局创新资源的步伐,从"在新兴国家制造"向"在新兴国家创新"发展,相应地,新兴市场成为全球创新活跃区。普华永道在《2018 年全球创新企业 1000 强研究》报告中指出,2018 财年中国和欧洲企业研发支出分别增长 34.4% 和 14.0%,亚洲自 2017 年后继续超过北美和欧洲,成为企业研发支出最高的地区,改变了 2007 年以来欧洲第一、北美第二、亚洲第三的企业研发格局。创新全球化促发了科技人员、企业家和创业者等各类人才跨国流动,跨境寻求研究、创业和投资机会的趋势正在增强。各国政府致力于降低人才流动的壁垒,发展中国家人才回流趋势出现,留学人员和海外移民归国创业和工作趋势增强。

二、创新合作网络化

创新活动的全球化带来创新合作的网络化,不同创新主体、创新空间构成了网络中的一个节点,相互之间存在密切联系,推动不同创新要素的集聚和互动,保证创新要素的完整性以及彼此之间的流动性、相互作用(李万等,2014;曾国屏,苟尤钊,刘磊,2013)。但这个以跨国公司为主导形成的全球创新网络并非完全平等的，一些主体及空间通过汇集较多的研发机构和活动在全球或区域创新网络中占据核心位置，而其他空间往往处于相对边缘的位置。美国《在线》杂志 2000 年评选出的 46 个全球技术创新中心和澳大利亚智库 2thinknow 评选出的 2014 年全球最具影响的 100 个创新城市均显示，全球科技创新中心的分布高度集中在美国、西欧发达国家和地区，在国家或区域内部则高度集中在世界大城市群地区。根据不同的影响力，一些学者将全球创新网络中的节点城市划分为全球卓越中心、高级枢纽、追赶者、新前沿等四类，深刻揭示了全球创新网络中的等级化分布。

三、创新企业平台化

在新范式下，平台企业及生态圈成为重要的创新组织形式。最为典型的是苹果公司的实践，以 iTunes、iOS 为软件平台，以 iPad、iPhone 为载体，以大量软件公司微生态 App 应用为支撑，苹果构筑了多元主体共生式创新体系，并为了整体效益和生存而相互依赖。在该体系中，平台企业一方面不断集聚和吸纳新的力量和营养——优秀成员企业或创新要素资源，另一方面不断淘汰对创新价值不大的主体，如不合格的企业，让创新创意不断"涌现"。据统计，在全球最大的 100 家企业中，有 60 家企业的主要收入来自平台商业模式。可见，平台已成为企业特别是跨国公司整合全球创新资源的重要组织形式。

四、创新主体社会化

全球创新正在经历一个社会化的进程，在不断发展的计算和通信技术的帮助下，用户可以更快捷地共享和传播知识，进而越来越善于开发他们自己的新产品和服务，并且经常无偿与他人共享。这种现象推动以科研人员为主体、实验室为载体的传统创新活动向以用户为中心、大众参与的下一代创新模式转变。特别是，以文化、设计、智慧、思想为主要要素的创意产业的迅速崛起加速了这一趋势。据联合国统计，目前创意产业已占全球 GDP 的 7％，且以每年 10％的速度在增长，大大高于全球 GDP 的增长速度。各类创意以极快的速度扩展、渗透到其他产业，成为引领许多国家和地区产业创新和结构调整的重要力量。在创意产业发展中,生活、工作在社会中的用户拥有较大发言权和参与权,传统意义的实验室边界随之"融化",一大批创客应运而生(邓智团,2017)。

第二节　城市创新空间的兴起

创新和人类的其他活动一样需要特定的载体,在全球创新版图中,城市尤其是特大城市发挥着越来越大的作用,全球科技创新中心主要集中在世界大城市群地区,尤其是北美和西欧。2019 年,全球创新数据机构 2thinknow 发布 2019 年度全球城市创新指数,其中 53 个城市归属第一层级的"支配型城市",即最具创新力的城市在 53 个支配型城市中,125 个归属第二层级的"中心城市",260 个归属第三层级的"节点城市",另有 46 个归属第四层级的"新兴城市"。在 53 个支配型城市中,有 9 个位于亚洲,其中北京排在全球第 26 位,上海排在第 33 位,香港排在第 56 位。中国城市排名大幅度提升,共有 44 个城市进入 500 强。随着创新创意活动的密集涌现,基于企业、从业人员特定技术、特定群体产生的特定需求和空间偏好,全球城市开始转向塑造创新创意中心功能,新的创新创意空间随之产生。尽管不同研究者对这一现象有不同提法,比如城市实验室、城市知识型区域、城市创新集聚区等,但都反映了创新空间逐步向城区转型的方向。

2014 年,美国布鲁金斯学会在一份题为《城市创新区的崛起:美国创新地理的新趋势》的报告中对美国大都市区近几年发生的创新企业快速向中心城区及城郊集聚现象及形成特定地理空间组织进行研究,提出"城市创新区"这一概念,城市创新区作为集聚高端研发机构、企业孵化器及促进机构、企业集群和创业企业的城市空间,主要存在于城市中心城区或大都市区边缘,具备物理空间紧凑性、公共交通通达、公共网络分享、知识共享与技术合作,居住、办公与商业等功能混合布局,公共服务完善等特征(Bruce Katz, Julie Wagner, 2014)。在科研机构和高端研发中心引领下,创新城区在美国及全球数十个城市及大都市区涌现,表现出了与传统城市发展及规划模式大相径庭的特征,美国布鲁金斯学会的研究进一步认为城市创新区的兴起将是对 50 年来以郊区选址、空间隔离、汽车通勤、忽略综合服务功能为特征的"硅谷"创新空间模式的颠覆,将推动科技园区从传统的空间相对隔离、自我发展的阶段向具有城市综合功能与开放性的"城区"阶段转变。从城市创新区的内涵可以看出城市创新空间在发展中呈现出不同的空间内涵。总体而言,当前城市创新空间保持了过去工业区、科技园区所具备的一些元素特征,但更具备现代创新经济所需要的多要素相互影响、支撑的内涵。

一、强调多元要素集聚

城市创新空间包含经济资产、有形资产和网络资产,其中经济资产是指驱动、培育和支持创新环境的相关企业、机构和组织,包含创新驱动者、创新服务者以及附近建筑设施。创新驱动者是指那些专注于开发前沿技术、产品和服务的科研和医疗机构、大型企业、中小型企业、初创企业和创业者。创新服务者是指孵化器、加速器以及律师、专利代理人、风险投资公司等服务机构。有形资产是指公共和私人所拥有的建筑、空地、街道、设备及其他设施,包括公共及私人领域的有形资产以及与创新空间相连接的大都市圈的有形资产。公共领域的有形资产包括公园、广场和街道等有助于人们聚集、疏散的场所。网络资产是指创新区参与主体之间的关系,如个人、企业和机构之间的关系。网络资产可以加强创新区企业内部、企业之间以及产业集群的信任与合作,提供新的发现和信息并帮助企业获取资源以及进入新的市场。网络资产包括创新者与各类服务机构之间的常态化对接、创业者之间的日常交流,以及针对特定领域或技术人员的研讨会和培训课程、特定群体会议、特定行业会议和每月例会等。

二、强调创新主体融合发展

首先是产业部门的融合。创新区的目标不是孤立地建设科技园区,也不是专注于发展的离散工业,而是有意识地通过不同部门和产业的融合来创造新的产品、技术和市场解决方案,比如信息技术和生命科学、能源、教育的结合,比如新技术与传统产业如广告、媒体、时尚、金融等充分融合。以医药产业发展为例,以往医药公司更多布局于郊区,但近年来更多的医药公司将研发部门布局于研究型大学附近,以降低药品开发成本和风险。当前城市创新空间有意识地集聚高等院校、科研机构、投资机构、创业者、服务机构等多元主体，以实现创新全要素的导入；各种类型公司只有实现混搭才能创造创新的最佳环境。

其次是园区与社区的融合，在物理空间布局时注重生产、生活、生态等功能混合开发，实现产业与城市功能融合，缩小科技园区内多元化要素的"社会距离"，成为城市整体结构的重要部分。从国际经验来看，高校和科研院所、旧城改造地区、郊区高科技园区最容易形成城市创新区，这三个区域所形成的城市创新空间分别对应锚定型创新区、城市再造型创新区以及城市化科技园三种类型。其中锚定型创新区主要位于中心城市的市中心区，以高校、科研院所以及龙头企业为核心，集聚相关企业及创业者。城市再造型创新区主要凭借其悠久的历史传统、毗邻高租金的城市中心等优势，集聚了一批先进的研究机构和代表企业(孙晨光，朱文一，2018)。由于城市创新空间往往是城市人才集聚、企业集聚、产业发展、城市功能提升的新增长极，因此有很多城市化科技园区尽管早期一般位于郊区及城市远郊区域，与传统的市中心相互隔离，但随着科技园区的发展壮大，城市活力充沛，人才、人口、产业发展优势突出，在城市功能方面后来者居上，逐渐发展成为中心城市中心区，成为中心城市特别是都市区的创新功能中心区。

三、强调创新链接和自组织

不同于传统工业园区、科技园区，城市创新空间十分注重网络资产的积累，更偏向于轻量化运作，更加重视交通组织、通信联系，同时突出制度建设、环境品质和服务水平等。通过鼓励多元主体之间的技术链接、资本链接、产业链接，支持跨领域、跨机构、跨行业、跨区域等多重社会组织网络的形成和发展，以实现一个结构完整、功能完善的创新系统。在这个系统中，一方面能够加速在全球范围内获取新的发展思路、抓住新机遇、寻找高端人才和技术，另一方面减少网络内交易成本，加快创新资源整合。在创新城区中，信息基础设施与传统物理性基础设施同等重要，智能化城区是城市创新空间的典型特征。所谓创新的自组织性是指在没有外界控制者干扰下，组织系统能够自行组织、自行创生、自行演化，从无序走向有序。城市创新空间的发展往往选择具有高附加值、高度创造性、以研究为主导的产业领域,即使是生产制造业也以高度专业化、小批量为主。这些产业对地区经济、人口、文化氛围等有着较强的敏感性,强调自我调节与有效更新:一是强调通过内部结构调整、功能机理优化和运作机制健全来适应环境条件;二是通过适当改变环境条件、有效变更资源取向,使得环境朝着有利于组织发展的方向演化。市场力量在这中间将发挥关键性作用。

第三节　城市创新空间的全球实践

在科研机构和高端研发机构引领下,以城市创新区为代表的城市创新空间在全球诸多城市如波士顿、伦敦、巴塞罗那、首尔、斯德哥尔摩等地涌现,表现出与传统城市发展和规划模式大相径庭的特征(李健,屠启宇,2015;胡琳娜,张所地,陈劲,2016),值得借鉴。

一、发达国家城市创新空间建设案例

(一)波士顿创新区

波士顿大都市区是美国东海岸重要都市区,在 2 thinknow 发布的 2019 年全球 100 个最具创新力的城市中,波士顿位居前列。波士顿大都市区包含波士顿市、剑桥市、萨莫维尔市、沃顿市、列克新敦市,其中剑桥市是哈佛、麻省理工学院等世界一流大学的所在地,也是波士顿大都市区的创新心脏。早期大学城远离波士顿中心,但随着城市化的发展以及高校对整个都市区发展的影响,两者融为一体,剑桥作为智力区提供高教、研发等服务,而波士顿市中心主要扮演商务区角色,提供金融、商贸等服务。

从边缘到核心,剑桥从一个避开喧嚣的乡村发展到卫星城性质的大学城,再上升为大都市的功能性城区,其发展充分体现了围绕创新展开城市构造的理念:(1)引导空间规划响应创新活动。2007 年剑桥市通过调整城市规划与土地用途,引导肯德尔广场工业厂房改建,新开辟研发空间,将创业者住房需求、学术和商业空间有机结合起来,创造一个充满活力的多功能区域。为保证师生在科学中心和教学区、生活区之间方便、安全地通行,还配合哈佛大学将该

地段的剑桥大街改为地下道。所有这些都是体现了空间规划、市政建设响应和引导创新活动的实践案例。(2)强化毕业生及各类创新人才的本地融入。超过七成的剑桥市民受过高等教育,大量的高校相关人士都以哈佛广场和肯德尔广场为轴心,放射状地散布居住在各个社区中,比如2008年统计有超过4万名哈佛校友生活在波士顿市的75英里交通圈内。(3)推进校区、社区、园区协作。剑桥当地产学研主体保持经常性沟通,沟通方式包括高校校长或教授进入社区社团,商会支持高校科研经费投入,当地社团委托第三方研究全面分析高校对当地经济发展与就业增长的贡献,等等。

(二)东伦敦科技城

东伦敦科技城是位于伦敦东区的科技、数字和创意等企业群聚的中心,其最初起源于硅环岛,被称为"迷你硅谷",是一个相对较小的、高密度科技产业园。2008年只有30家科技企业,2010年英国政府颁布了一项支持"迷你硅谷"的发展计划,将从老街、肖尔迪奇向东延伸到奥林匹克公园的区域建造成高技术产业中心,命名为"东伦敦科技城"。这一布局反映出伦敦重新布局市中心,认识到人口的增长,核心区加密以及紧凑的纵向开发方式的重要性。2005—2014年期间,伦敦吸引了1000个国际科技投资项目,与此同时欧洲排名第二的城市巴黎只有381个项目。其中,东伦敦科技城每年有超过1.5万家公司成立,根据伦敦发展促进署,这些新兴科技公司2015年一共吸引到2.28亿美元风险投资,比2014年增长了69%。

在伦敦科技城的发展中,英国政府主要从以下三个方面入手。(1)加大投入。自2010年开始政府投入4亿英镑支持科技城的发展,并制定了优惠政策,给予小企业税收优惠,减免研发资金赋税,发放企业家签证吸引海外投资者,等等。(2)成立技术大使团队。在全球招商,思科、英特尔、亚马逊、推特、高通、Facebook、谷歌等大企业相继进驻。(3)培育创新氛围和文化。在城市更新中确保把新建筑中的一部分空间用作孵化区,鼓励巴克莱银行等金融机构针对创业企业的特殊融资服务,同时鼓励年轻人加入,使之成为最受欢迎的时尚、创意聚集地。

(三)巴塞罗那创意区

巴塞罗那位于西班牙的东北部,是西班牙最大的海港城市和工业中心,普布诺地区作为城市早期的工业区，形成以纺织和食品加工为主的经济结构，成为工厂和工人住宅的集聚地，并长期与城市中心隔离。随着全球创意经济的迅速发展，为保证城市的持续发展动力，该区提出了"22@计划"，试图实现三大发展目标：一是城市更新重塑地区活力，形成一个多元开发、综合建设平衡的区域；二是开展经济复兴运动，将整个区域建设为繁荣地区，特别是吸引各种创意人才，刺激文化和技术的结合以及推动商业化进程；三是更新人居关系，重塑城市思想氛围、价值取向和规范模式。

在具体实施过程中，普布诺地区主要从三个方面着手：（1）着力改善实体环境，包括城市规划、建筑改造以及城市基础设施更新等，提升城市的整体环境。（2）推动生产和居住功能混合利用，鼓励人们居住在工作单位附近，推进当地商业和消费发展。（3）形成开放的社会交流空间，依托复合街区建设，提升地区功能多样性，本着行人和环境优先的原则，大力发展城市交通设施，保障所有街道和公共空间畅通，为培育多元化文化提供现实基础。一系列的更新改造为地区提供了自由宽松的文化氛围，为文化创意产业的发展提供了有利条件，吸引了大量的文化和创意产业等新兴企业落户，使得该地区的城市经济、社会、文化和环境都得到了积极的发展。

二、发达国家城市创新空间建设的主要启示

多元化、人口年轻化和公共空间更新激发了传统产业区、内城街区的活力，发达国家城市创新建设的背后体现了发展思路的转变。

（一）从项目服务转向人才服务

传统科技园区的产业园区多设在城市的偏远郊区，在早期发展中多以优惠的政策和低廉的土地成本吸引企业投资和集聚，然后通过企业提供就业机会导入人口。这种发展模式常常与生活配套服务不足相伴生。当前的城市创新空间城市更为清楚地关注到项目背后的人才。当前，以才引才、以才聚才成为招商的重要模式，通过引进一名人才能集聚一个团队、培育一个企业，甚至带动一个产业。全球人才流动调查显示，尽管人才流动国际化进程加快，但最终目的地不是随意的，大多集中在全球重要的大都市，这是由城市所具备的基础设施完善、通勤时间短、生活便利、教育资源充裕等特征所决定的。利用城

市基础条件打造集工作生活学习一体、产业城市社区融合的新一代科技园区成为城市创新空间发展的重要方向。

(二)从企业集聚转向知识集成

传统科技园区集聚了一大批企业,但这些企业之间的联系较少,创新人才之间的交流很少,一些重要的基础设施也限于专门机构,不向更广泛的群众开放,带来较大的创新资源浪费。创新企业的本质是创意、知识、技术的集成,相应的科技园区也不应是简单的企业集聚,而是创意、知识、技术的集聚区,是一个提供事业、创新和就业机会的"知识经济中心"。为此,在当代城市创新空间的发展中,强调以物理空间优化为基础,从改变办公室空间设计、重塑建筑体间的关系,到扩展新产业成长空间并逐步扩展区域尺度,重构原有空间载体和界限,以更好地推进创新过程在公共及私人领域畅通进行,强化创新主体日常信息交流、学习互动以及共同探讨,加快将个体知识转变为集体知识,加速形成一种知识流动、知识创造、创意涌现的独特社会环境。

(三)从产业培育转向文化培育

全球化经济中维持地方化能力上的基础设施和自然资源的作用正在逐步削弱,低成本导向下的产业转移变得十分频繁。对于一个区域而言,持续竞争力来自于远距离不能模仿的不断增长的地方知识以及具有强烈地区象征的地方文化。高度根植性的地方知识、地方文化能向产品注入一种不能被其他地区完全模仿的"气氛和气质"。因而当前城市创新空间发展试图以激发创业创新精神为目标构建一种社区文化,为创新人才打造集"人文服务、人文活动及人文配套建设"等的全方位的人文环境。具有特定属性的"社会气质"的塑造与渗透是城市创新空间发展的重要动力。

第四节　我国城市创新空间的发展导向

在创新驱动发展战略的导向下,我国越来越多的城市提出了创新型城市、创意城市建设的口号,同时大量的传统科技园区已经开始重视园区体制机制、产业配套、生活服务、园区文化等软环境建设,如中关村、张江高科、成都高新区等众多高新区都纷纷提出打造科技新城、创新城区的理念,表明从园区到城区的发展思路已经逐步形成。结合全球发展趋势以及创新型城市的竞争态势，可以预见，新型城市创新空间将在我国创新经济发展、创新城市建设中扮演着关键性作用，是先发地，是突破口，更是关键内核。

一、率先形成新经济引领发展格局

当前信息网络、人工智能、生物技术、清洁能源、新材料、先进制造等领域呈现群体跃进态势，颠覆性技术不断涌现，催生新经济、新产业、新业态、新模式。长期以来，我国科技创新中"重引进、轻消化"现象大量存在，形成了"引进—落后—再引进"的恶性循环。面对新一轮产业发展的战略机遇，需要有一批城市创新空间能通过吸引优势人才，率先破解原始创新能力不足、核心或关键技术发展滞后、资源利用效率不高等瓶颈，带动整个都市圈构建起新经济发展的领先优势。

二、率先形成高效率产业创新体系

我国传统科技园区面临着内生机制与创业环境不完善的问题，在运营过程中重招商，轻消化吸收，重大轻小，重硬轻软，导致园区内企业关联度不高、协同配套不明显等现象。创新体系的效率不仅取决于科技创新成果数量，而且取决于其转化效率。以网络资产为重要导向的城市创新空间将在完善从技术研发、技术转移、企业孵化到产业集聚的创新服务和产业培育体系，促进科技、人才、政策等要素的有序流动、综合集成和高效利用，实现科技研发与产业发展无缝对接等方面发挥积极作用。

三、率先形成创新资源全球配置能力

面对高层次人才比重偏低，创新型人才不足等问题，城市创新空间要以更为开放的姿态积极融入并主动布局全球创新网络，探索科技开放合作新模式、新路径、新体制，通过深度参与全球创新治理，促进创新资源双向开放和流动，最大限度地用好全球创新资源，全方位提升科技创新的国际化水平，力争在若干功能及产业领域确立起全球网络关键性节点的战略地位（曹湛，彭震伟，2017），力争成为若干重要领域的引领者和重要规则的贡献者，提高在全球创

新治理中的话语权。

四、率先形成创新发展的区域特色

产业结构严重雷同是传统科技园区发展中的通病。随着科技园区数量增加,招商引资的竞争愈加激烈,产业定位同质化、产业招商盲目化现象越发明显,甚至于为了招商引资,各地出现了各种竞相压低土地价格等不合理现象。当前城市创新空间强调文化培育而非简单产业培育,这就决定了城市创新空间的发展更加注重地区文化肌理的延续与历史文脉保护,将紧密结合区域创新发展需求以及人文氛围,引导高端创新要素围绕区域生产力布局加速流动。

第二章 城市创新空间的新模式与新路径：
杭州未来科技城的探索

在世界主要创新型国家发展中,城市创新区的成长起到了创新发动机的作用,促进了重大科技创新资源的战略布局,加快了高端人才、资本、企业的集聚,形成了科技金融与高新技术产业的互动融合,促进了战略新兴产业集群的培育和成长,成为世界经济发展中最具活力的创新增长极。

近年来,浙江经济加快转型升级,深入实施创新驱动发展战略,以阿里巴巴等为代表的信息经济快速发展,杭州未来科技城作为高端人才集聚、高端创新创业平台打造、新兴产业培育的城市创新区应运而生。经过多年来的探索,杭州未来科技城初步形成了独具特色、成效显著的发展模式,特别是2016年杭州城西科创大走廊的总体规划建设,大大加快了未来科技城在国家重大科技创新平台建设、国际新兴产业前沿跟踪、城市发展国际化等方面的建设步伐,加快向高水平、国际化的一流城市创新区升级,成为浙江省供给侧结构性改革新样板和杭州城市创新发展的新引擎。

第一节 城市创新区与创新增长极

一、区域创新能力的空间分布

(一)区域创新能力的内涵

国外学者 Cooke(2001)认为,区域创新能力表现在区域创新系统内企业、大学和科研机构等创新主体,以及各企业之间的互动联系,创新能力受区域创新资源禀赋、创新文化、创新环境等方面因素影响。Lawson(1999)以英国剑桥地区高新技术企业集群为例探讨了区域的集体学习机制。Tura 和 Harmaakorpi(2005)认为区域创新能力是一种集聚经济、文化及智力资源进行创新活动从而促进区域竞争力提升的能力。Giovanni Schiuma 和 Antonio Lerro(2008)认为区域创新能力存在差异的原因在于知识资本。Riddel 和 Schwer(2003)认为区域创新能力是区域内创新活动创造商业效益的潜能。

在国内,对区域创新能力内涵的理解并不统一。甄峰等(2000)认为创新能力是在对现代信息、通信技术充分利用的基础上,在社会生产过程中纳入知识、技术和信息等要素的能力。《中国区域创新能力报告》指出,一个地区的科技竞争力并不等于创新能力。柳卸林等(2002)定义区域技术创新能力为一个地区的知识转化能力,即知识转化为新的产品、工艺和服务的能力。陈劲等(2007)认为这种知识的转化能力即是一个地区与商业相关的创新流的潜力。朱海就(2004)也将区域创新能力理解为"区域成功地利用知识的能力",是区域内不同创新主体整合成的网络,企业居于网络的核心。

总的看来,对区域创新能力内涵的理解虽然没有统一的认识,但存在一些共识。第一,创新能力是创新系统多主体共同作用形成的,企业在其中起了主导作用。第二,肯定了知识创造在区域创新能力中的重要性。第三,强调了知识的商业化效益的必要性。对区域创新能力内涵的理解是区域创新能力研究的基础,国内学者较为认可《中国区域创新能力报告》中的定义:"区域创新能力是一个地区知识转化成新产品、新工艺、新服务的能力。"此定义不仅强调了以知识为基础,更强调了创新能力的经济效益。

(二)区域创新能力的空间特征

美国硅谷创新创业的迅猛发展使学者们开始注意到区域特征对创新发展的重要影响,安纳利·萨克森宁(2000)对麻省128公路和硅谷发展的路径和成果做了比较研究,认为与麻省128公路不同的是,硅谷的企业之间有很多内外水平式交互,有利于企业、大学、研究机构之间的交流,促进专业化企业在区域网络化的产业集群中集体学习。Marie 和 Gilles(2008)则以法国为研究对象,比较分析了竞争模式的演变和区域创新能力。

在国内,关于区域创新能力空间特征的研究目前主要使用省域层面专利统计数据,分析空间集中特征和空间相关性。李国平、王春杨(2012)基于探索性空间数据分析方法(ESDA)对我国 1997—2008 年省域专利申请量的空间分布进行研究,发现我国创新活动存在稳定的空间集中特征和显著的空间自相关性,且随时间的推进不断强化。王庆喜、张朱益(2013)也有类似的研究和结论。但创新溢出在较小的空间尺度上更具有显著性,有学者开始从地级市尺度对城市创新的空间分布进行研究。王春杨、张超(2014)对我国 1997—2009年 341 个地级层面的区域创新产出空间特征进行 ESDA 分析,发现创新产出表现为集聚特征和地带间差异,在东部沿海和西部内陆地区分别形成了 H—H集群和 L—L 集群。赵磊、方成、丁烨(2014)对浙江省 11 市的研究认为,浙江省创新产出的空间分布为浙东北高—浙西南低的空间格局,且集聚度不断提高。张建伟等(2017)对江苏省县域创新产出的研究发现江苏省创新产出呈南高北低的空间格局。

(三)区域创新能力的评价

在国外对区域创新能力影响因素的研究中较为权威的是 Furman 等(2002)建立的国家创新能力的理论框架,该理论认为国家创新能力受创新基础设施、产业集群、集群中的创新环境以及产业集群与创新环境之间的联系的影响。Riddel 和 Schwer(2003)在 Furman(2002)的理论框架的基础上进一步研究,发现区域创新能力最重要的影响因素是高技术从业人员,其次是高等教育学位授予量、研发投资和专利累积量。国内学者也基于 Furman 的理论框架进行了深入研究。官建成、何颖(2005)认为增加企业创新资源投入能有效提高区域创新能力。魏守华等(2010)完善了 Furman 的分析框架,运用省级面板数据实证检验了 1998—2007 年我国区域创新能力的影响因素,发现产业集群、产学研联系、吸收区外技术溢出的能力共同形成的创新效率对区域创新能力具有重要影响。邵云飞等(2011)调整了 Riddel 建立的公式后,对中国的30 个省区市数据进行实证研究,研究认为高技术从业人员数量、专利积累量和地区文化均是区域创新能力的重要内生影响因素。总的来看,虽然学者们采用的研究方法不同、侧重点不同,但还是形成了一定的共识,区域创新能力的影响因素主要包括以下六方面:R&D 人员投入、R&D 资金投入、创新环境、智力资本、产业集群和外商直接投资。

随着研究的深入,学者开始考虑从空间的角度进一步验证区域之间的互动对区域创新能力的影响。Greunz(2003)利用欧洲 153 个面板数据进行实证分析发现,两个区域距离较近时区域外研发支出对本区域创新能力影响较大,当两个区域距离较远时没有明显的影响。国内研究中,吴玉鸣(2006)运用空间计量经济学对我国 31 个省研发与创新进行分析发现,区域创新能力的主要贡献来自企业研究与开发,大学研发、大学研发与企业研发的结合都没有对区域创新产生显著影响。谭俊涛等(2016)通过回归建模分析了区域创新基础、产业集群环境、产学研联系质量、政府支持、技术溢出效应等因子对区域创新绩效的影响,发现区域创新绩效受创新基础和政府支撑的影响最大,受产学研联系质量的影响次之,而产业集群环境和技术溢出效应对区域创新绩效的影响较小。王俊松等(2017)基于 2003—2013 年的城市专利数据,利用固定效应面板数据进行空间滞后模型和空间杜宾模型的计量,发现城市技术创新能力存在显著的空间溢出效应,邻近城市技术创新能力的提升有助于提升该市的创新能力,政府支持、工业基础、高等教育资源、创新投入、经济外向度显著影响城市技术创新能力水平,且政府支持和城市高等教育资源对城市技术创新能力的影响出现增强趋势。马静等(2017)对全国 285 个城市面板数据进行研究,认为知识溢出效应对城市的创新产出具有重要影响,知识存量能促进城市创新产出,科技投入对创新产出具有促进作用,资本投入的作用大于劳动力投入的作用。总的来看,不同的模型设定的影响因素不同,影响因素主要有创新投入、人力资本、教育资源、基础环境和制度等。

二、城市群创新能力演进机制

(一)城市群

城市群的概念研究始于 19 世纪末霍华德(2000)的《明日的田园城市》一书,该书提出了城乡互补的城市集群的概念。他认为城市的研究不能以单个城市个体为研究对象,应将城市及其周边地区作为一个有机整体进行统一考虑。1915 年英国的格迪斯(2012)(P. Geddes)提出"conurbation"概念,指出拥有卫星城的大城市是城市集群发展的模式。在杜能和韦伯的区位论基础上,克里斯塔勒(2011)通过对德国南部城镇的分析,探讨了多个城市之间的关联,提出了著名的中心地理论。法国地理学家戈特曼(J. Gottmann)提出

"megalopolis"概念,认为单个都市区不再是区域经济的基本单元,几个都市区集聚形成的大都市带才能适应经济发展趋势。克鲁格曼(2000)等人从空间结构的角度对城市群发展过程进行解释。此后,大多使用数学建模和地理信息技术对城市群进行研究。国内研究中,姚士谋(2010)定义城市群为在特定区域内,借助交通通达性,以一至两个城市为核心,一定数量、不同类型和规模的城市之间发展内在联系,形成一个城市"集合体"。顾朝林(2007)认为,城市群是在一定的经济结构和基础设施范围内,核心城市发挥特有的经济社会功能,形成经济、社会、技术一体化的有机网络。

(二)城市群创新能力研究

关于城市群创新能力的研究是以某一城市群为研究对象,将创新与城市群两个研究方向结合起来,对城市群内各城市创新能力的测度与评价、空间特征、影响因素等方面进行研究。国内对城市群创新能力的研究还较少,现有研究主要从创新效率、创新溢出、创新绩效等方面研究城市群创新的空间结构,所选取的研究对象以长三角城市群、长江经济带、京津冀城市群、珠三角城市群、成渝城市群为主。

长三角城市群作为我国经济较发达、创新发展领先的地区,常作为研究对象的首选。滕堂伟等(2018)以新长三角城市群 26 个城市为研究对象,用专利授权数据衡量创新,对长三角城市群创新的空间格局进行分析,发现城市群创新的差异缩小,城市创新有正的空间自相关性,空间格局呈现出原有的"Z"字形,影响因素中政府支持和产业集群环境是影响创新水平最主要的因素。刘鉴等(2018)使用空间计量经济学方法对长三角城市群的空间集聚和溢出效应进行实证分析,研究表明城市群创新产出空间集聚特征明显,且具有显著的正相关性,呈现出以上海为核心,杭州、南京、合肥、宁波为次级核心创新的空间格局,城市群创新具有显著的空间溢出效应,影响因素中人力资本、资金投入及创新平台对本城市和周边城市皆有正向作用,而经济发展水平、政府支持、对外交流对本城市有正向作用,对周边城市具有负向溢出效应。谢守红等(2017)构建了创新能力评价指标体系对长三角城市群各城市的创新能力进行评价,发现城市群创新能力差异显著,且存在正的空间相关性。陈瑜等(2017)以原先长三角地区江浙沪 25 个城市为研究对象,发现长三角地区创新空间锁定,城市群创新能力强弱分化明显。总的看来,对长三角城市群创新能力的研究结论较为一致,城市群创新的空间分布不均衡,呈现出空间集聚特征,且城市群创新能力具有正的空间自相关性和正向溢出效应,影响因素的研究中不同的模型设定所得出的结论并不相同。

对其他城市群创新能力的研究,所采用的方法类似。张鸿武等(2018)则选择长三角和珠三角两个城市群进行对比,结果显示长三角创新集聚特征明显,珠三角创新空间相关性较弱,极化特征明显;影响因素中高科技企业是影响城市群创新最重要的因素。武晓静等(2017)对长江经济带130个城市的研究认为创新能力有显著的区域差异和空间相关性。丁志伟等(2018)以中原经济区29个城市为研究对象也得出类似结论。城市群内创新能力的空间格局体现的是城市群各级城市的地域劳动分工和经济社会联系,但目前国内这一研究方向的文献还较少,是未来研究值得关注的焦点。

三、城市创新区内涵以及路径

城市创新区是汇聚领先的创新锚机构(大学、科研院所、龙头企业等)、创业企业以及各类中介服务机构,推动科技、产业、文化、管理及服务等全方位创新活动产生、发展、集聚和扩散的地理区域,包含中心城区的创新街区以及位于郊区但具备完善城市生活功能的创新园区。国内研究尽管采用了城市创新区、创新城区、创新街区等不同概念,但多以 Katz 和 Wagner(2014)研究为参照,因而可将相关概念统一论述。李健和屠启宇(2015)认为城市创新区是一个高端科研院所、研发机构及创业企业、孵化器及金融辅助机构等高度集聚、创新活动旺盛、各主体网络化互动特征明显的城市新经济空间。

学者认为城市创新区具有区域科技创新的重要策源地、新兴特色产业的集聚高地、新型城市建设的引领示范载体以及创新创业文化的核心空间载体等四大功能。与以往空间上隔离的中心城区创新园或依靠汽车通勤、综合服务功能薄弱的远郊科技园不同,城市创新区更加强化现代创新经济所需要的多要素相互影响、相互支撑的内涵,从传统的空间相对隔离、自我发展的阶段转向具有城市综合功能与开放性的"城区"阶段。

城市创新区的形成意味着推进特定区域内各类创新空间的产生和发展,

进而引导城市的各方面资源有意识地向该区域倾斜。城市创新区从构成上主要包含三类要素:一是经济要素,是指驱动、培育和支持创新环境的各类主体,如企业、高校、研发机构、创业者、中介机构等。二是物理要素,包括公共及私人领域的建筑、空地、街道、设备以及与其他空间相连接的通道。在知识交互特别是默会知识的扩散过程中,地理距离有着较大影响。因而在物理空间上,城市创新区除了更具包容性、通达性,还注重高密度交互空间营造,建立广阔的合作开放空间和场地。三是网络要素,指城市创新区内经济主体内部以及与外部关键创新源之间的协作关系。网络要素是城市创新区的核心资产,本质上城市创新区是由大学、政府、企业、用户等主体之间充分协同交互的创新生态系统,如果要素之间关联及相互作用不够,城市创新区的效率就会受到较大影响。

第二节 未来科技城建设背景与发展理念

杭州未来科技城是浙江省、杭州市和余杭区三级重点打造的高端人才集聚区、体制改革试验区和自主创新示范区,位于杭州市余杭区,地处杭州市中心西侧,毗邻西溪国家湿地公园。目前,杭州未来科技城规划面积为 123.1 平方公里,重点开发区域 49.5 平方公里。

2011 年,获评国家级海外高层次人才创新创业基地,并与北京、天津、武汉等地的人才基地一起,被中组部、国务院国资委列为全国四大未来科技城。2011 年底,未来科技城(海创园)党工委、管委会正式挂牌,实行"两块牌子、一套班子"。2016 年,浙江省规划建设杭州城西科创大走廊,未来科技城与浙大科技城、青山湖科技城共同成为大走廊的核心组成部分。

目前,未来科技城集聚了阿里巴巴、中国移动通信研究院、贝达安进研究院、中电海康研究院等一批知名企业和研究机构。2011—2018 年,未来科技城新增科创企业 13000 多家,累计引进海外高层次人才 3120 名,其中"两院"院士 10 名、海外院士 5 名,万人计划 2 名,省千人计划 193 名,浙江省领军型创新创业团队 7 支。技工贸总收入从 2012 年 343.14 亿元上升到 2018 年的4997.11 亿元,财政总收入从 2012 年 30.54 亿元上升到 2018 年的 264.72 亿元,年均增幅分别达到 56.3% 和 43.3%。

由于未来科技城的迅速发展,其城市创新区特征日益显著,逐渐成为杭州城市发展的创新增长极,推动了杭州市加快创新驱动发展,大大加强了杭州的都市区功能。总的来看,杭州未来科技城的发展特点可以用"五个一"来概括。

一、始终坚持一个理念,即"人才是第一资源"的核心理念

全面推进人才特区和人才高地建设,搭建创业平台、集聚创新要素、完善创新服务体系。制定实施人才新政,通过人才项目评审的重点项目,最高可获得 750 万元的项目补助。创设硅谷海外人才驿站,引进"菜根科技"等特色小镇运营商,积极与各类中介机构、涉外机构、海外组织谋求合作,深入推进与浙江大学等高校及科研院所的战略合作,千方百计吸引海外创新创业人才。深化推广"人才+资本+民企"的做法,严格项目评审、项目有机更新和内部人员管理,提高人才引进、项目管理和人才服务精准度,累计引进海外高层次人才3120 名,落户海归创业项目 746 个,其中 2/3 已实现产业化。同时,引进金融机构 1390 家,管理资本 2950 亿元,2018 年产业投资 99.11 亿元。梦想小镇启动以后,进一步优化升级人才战略,在吸引海归创业上保持方向不变、力度不减,同时加快吸引集聚以"阿里系、浙大系、海归系、浙商系"为代表的创新创业"新四军",同步推进"精英创业"和"大众创业"。

二、牢固确立一个战略,即"人才引领、创新驱动"的发展战略

在高端人才的引领下,技术、项目、资金等创新要素快速汇聚,至 2018 年底,累计培育科技型中小微企业 3118 家,国家高新技术企业 157 家,省级技术中心 14 家,省级研发中心 26 家,省级企业研究院 13 家、省级重点企业研究院8 家,领军型创新创业团队 7 支。信息经济、生物医药、智能制造、科技金融四大产业快速壮大,主要指标实现了超常规、跨越式增长。

三、不断强化一条路径,即"产城人融合发展"的建设路径

坚持引绿入城、引水润城,在良好的生态本底上精心嵌入城市功能,紧紧

围绕人的需求建设城市，以丰富的城市功能吸引产业集聚，以深厚的产业集聚提升城市价值，打造"三生融合、四宜兼具"（先生态、再生活、后生产，宜居、宜业、宜文、宜游）的田园城市升级版。统筹推进国际医院、国际学校、人才公寓等职住配套项目，加快实施城市轨交、慢行系统等立体化的公共交通体系建设，努力打造国际化人才集聚的一流环境。

四、逐步形成一个生态，即充满激情、充满活力的创业生态

围绕打造完整的创业生态系统，搭好平台，整合好人才、项目、资本以及孵化机构、中介机构、一流大学、龙头企业等各类要素，为创业者提供充足的阳光、雨露、空气和养分。截至 2018 年底，建成了海创园首期（37 万平方米）、健康谷（100 万平方米）2 个国有孵化平台，重点培育海归创业项目和生物医药企业，已落户创业项目 610 余个。同时，梦想小镇累计集聚孵化平台 40 家、集聚创业项目 1645 个、创业人才 14900 名、金融机构 298 家、管理资本 537 亿元，166 个项目获得百万元以上融资，融资总额达 110.25 亿元。人工智能小镇瞄准当前世界科技创新"新风口"加快创新布局，目前已吸引之江实验室、阿里—浙大前沿技术联合研究中心、百度（杭州）创新中心、中乌人工智能产业中心等16 个高端研发机构及 290 余个创新项目入驻，配套设施日益完善，并入选省级特色小镇培育对象名单。这些平台及其服务机构成为整合各类资源的重要载体，共同构建了良好的创业生态系统。

五、积极构筑一个链条，即涵盖企业发展全过程的接力式培育链条

针对初创期、成长期、成熟期等不同阶段，积极整合好政府和企业资源，通过市场化机制、专业化服务和资本化途径，着力打造"种子仓—孵化器—加速器—产业园"接力式产业培育链条，确保企业在研发、加速和产业化全过程都能够得到空间保障和政策支持。截至，已建成科创园区 55 个，面积达 218 万平方米，为广大科技型中小微企业提供了发展空间。同时，转变扶持方式，采用政府引导基金、创业基金、产业基金、贷款风险池的运作，发挥财政资金"四两拨千斤"的作用，带动社会资本，把创新创业各阶段的资金链构筑好。

第三节 未来科技城发展的主要阶段

在杭州未来科技城建设中，主要发展阶段包括从创建未来科技城（海创园）的发展平台到打造"特色小镇与大企业"双驱动的一流创新创业生态体系，再到建设杭州城西科创大走廊核心区。通过实践探索，未来科技城的战略定位与发展模式不断创新，在重大科技创新平台建设、国际新兴产业前沿跟踪、高端要素集聚、城市国际化发展等方面的建设步伐大大加快，开始逐渐向高水平、国际化的一流城市创新区升级。

一、创建未来科技城（海创园）发展平台，集聚海归高层次人才创新创业

2005年，我国明确提出实施自主创新战略，建设创新型国家，同年出台了《国家中长期科学和技术发展规划纲要（2006—2020）》，我国进入自主创新发展新阶段。2008年，中央人才工作协调小组开始实施海外高层次人才引进计划。在省委组织部、省人才办全力支持和直接推动下，浙江海外高层次人才创新园于2010年7月正式挂牌。2011年4月，杭州未来科技城获评国家级海外高层次人才创新创业基地，并与北京、天津、武汉等地的人才基地一起列为全国四大未来科技城。在省委组织部的牵头协调下，杭州未来科技城的建设得到了发改、经信、国资、国土、科技、财政、人力社保、金融等部门的全力支持，与省级相关部门开展常态化工作对接，建立了以项目、人才为纽带的协同推进机制。

（一）坚持规划引领，加快建设未来科技城

优化深化规划，将杭州未来科技城规划面积从10平方公里扩大到113平方公里（2017年进一步扩大为123.1平方公里），在发展思路上从建园向建城转变。坚持产城融合、灵活分区、功能复合、集约高效的原则，系统开展城市总体规划、产业功能分区规划、建筑风貌设计导则等各层次规划编制，着力将杭州未来科技城打造成融科技、生态、人居为一体的绿色科技新城。

(二)集聚海归高层次人才创新创业,探索发展新模式

杭州未来科技城把海外高层次人才作为科技城的核心竞争力来抓,积极打造浙江海外高层次人才创新园,优化发展环境,积极围绕人才创业创新需求集聚资本和企业。

1.建立国际创新网络,加强海外引才。与浙江大学合作,在海外建立7个海外联络站,拓展引才网络。多方收集信息建立人才库,通过宣传推介、以企引才、以才引才等各种方式加强引才工作。2011—2012年,累计引进海外高层次人才288名,省"千人计划"14名。中科院院士江雷领衔的项目落户。

2.营造"人才+资本+民企"的创业特色。发挥浙江民间资本充沛的优势,推动资本和海外人才合作,破解海外人才创业的资金瓶颈。通过多次大型投融资推介会及形式多样的对接活动,推动人才库、项目库和资本库的对接。

3.集聚高端项目。立足央企集中建设人才基地的定位,依托地方民营经济活力,建设高水平人才的集聚平台。在专门规划央企集中建设区块的同时,鼓励民营企业搭建研发平台,吸引创新人才,提高对海外人才的承载能力。

(三)优化发展环境,打造海归人才首选地

把优化发展环境作为杭州未来科技城的最佳品牌,进一步营造良好的政策环境、服务环境和宜居环境,让海外人才引得进、留得住、干得好。

1.建设优美城市。充分利用区域内生态优势,坚持嵌入式开发,注重生态空间和城市相互渗透。系统推进道路绿化、水系整治,彰显亲水、亲绿的区域特色。加快引进高端教育、医疗、商业等各类资源,不断完善城市功能,提升城市价值,营造国际化人才集聚的一流环境。

2.出台优惠政策。围绕建设人才特区、打造人才高地的目标,浙江省委、省政府专门出台在杭州未来科技城建设人才特区、打造人才高地的意见,从创业投融资、税收优惠、外汇管理、出入境等10个方面提供政策支持;杭州市和省科技厅、人力社保厅、工商局等多个部门制定了专门的扶持政策;余杭区精心细化操作办法、简化兑现流程。

3.提供优质服务。组建行政服务中心和投资项目审批代办中心,努力做到办事不出城;政府出资建科技物业,同时租用整合一批周边办公楼,按照"先租房、再购房,先孵化、再发展"的思路,加快项目落户和发展进程;积极引进知

识产权、法律、财务等中介机构,努力为企业和人才提供专业服务;与浙江大学开展紧密合作,启动浙大技术转移中心和浙大人才驿站海创园工作站,浙大60余个公共技术平台和实验室面向未来科技城企业开放,共享平台资源。

二、开启"特色小镇与大企业"双驱动时代,打造一流创新创业生态

通过不断探索,未来科技城形成以阿里巴巴大企业带动产业集聚成长,"以海创园孵化平台、梦想小镇等为孵化核心,各类科创园区为加速空间,周边街道工业区块为产业化功能区"的创新创业接力式产业培育链条,建立起全程政策保障体系。

(一)梦想小镇开启了特色小镇时代

2014年8月,在省委、省政府谋篇布局特色小镇、大力培育信息经济的大背景下,未来科技城启动了梦想小镇建设,致力于打造众创空间的新样板、信息经济的新增长点、特色小镇的新范式。梦想小镇核心区规划3平方公里,包括互联网村、天使村、创业集市和仓前古街,建设目标是集聚创业者10000名、创业项目2000个、投资机构300家、资产规模1000亿元,将其打造为一个"让梦想变成财富"的地方。

自2015年3月启用以来,梦想小镇抓住"大众创业、万众创新"的发展机遇,采用"有核心、无边界"的空间布局,全力打造众创空间新样板、信息经济新引擎、特色小镇新范式。目前,创业氛围日益浓厚,以"阿里系、浙大系、海归系、浙商系"为代表的创业"新四军"快速集结,金融业态日益丰富,孵化平台争相入驻,成为"生态、生活、生产三生融合"的高水平特色小镇,在未来科技城建设中起到了"龙头"引领作用。梦想小镇也对我国和浙江省特色小镇建设起到了良好示范带头作用,2017年8月梦想小镇与玉皇山南基金小镇一起被认定为浙江省首批省级特色小镇。

(二)阿里巴巴等大企业和高水平研究机构带动创新集群成长

未来科技城积极引进阿里巴巴、中电海康、中国移动通信研究院、贝达安进研究院等大企业和知名研究机构,打造创新发展大平台,形成经济发展新引擎,带动科技城整体规模和发展水平的提升。2013年8月,阿里巴巴西溪园区正式投入使用,未来科技城为阿里巴巴的发展提供了有力的政策扶持、良好的

商业环境和广阔的发展空间,促进阿里巴巴进入了发展的"快车道",2014 年阿里巴巴集团在纽约证券交易所上市,创造了美国历史上最大融资规模的 IPO,2020 年 5 月阿里巴巴市值居全球第 7 位。

更为重要的是"阿里系"企业的诞生与成长促进了未来科技城专业园区和企业集群培育。至 2019 年底,阿里巴巴电商平台系企业已超过 30 家,对于未来科技城产业结构优化和产业集群发展产生重要影响。大量阿里巴巴员工积极开展自主创业,探索"互联网＋"商业模式创新,"阿里系"互联网企业和创业投资机构相互支撑、快速成长,形成了未来科技城"阿里系"的亮丽风景线。

（三）建设一流的创新创业生态体系和新兴产业集群

在梦想小镇和阿里巴巴形成"特色小镇孵化和大企业带动"双驱动的发展模式基础上,未来科技城进一步打通"以海创园孵化平台、梦想小镇等为孵化核心,各类科创园区为加速空间,周边街道工业区块为产业化功能区"的接力式产业培育链条,形成梦想小镇、淘宝小镇、健康小镇、南湖小镇、创投小镇"一城五镇"布局,加快多元化、多种发展模式的科创园区建设,建立起覆盖大、中、小各规模以及成熟期、成长期、初创期各阶段企业的政策保障体系,加快研发项目的成果转化和产业化进程,逐渐形成一流的创新创业生态体系,加快一批新兴产业集群的培育。

三、建设杭州城西科创大走廊核心区,打造高水平城市创新区

为了深入实施创新驱动发展战略,补齐科技创新第一短板,推动供给侧结构性改革,2016 年,浙江省委、省政府明确提出要加快杭州城西科创大走廊建设。大走廊建设为未来科技城带来了历史发展机遇和新的使命,根据杭州城西副中心和城西科创大走廊核心区、示范区、引领区的新发展定位,加快推进以之江实验室为核心的科技创新平台体系建设,逐渐形成"基础研究、应用研究、大学成果转化、企业研发"等有机融合的城市创新体系,促进未来科技城加快向高水平、国际化的一流城市创新区升级。

（一）新使命与新功能:杭州城西科创大走廊建设的历史机遇

杭州城西科创大走廊包括浙大科技城、未来科技城、青山湖科技城,规划总面积达 224 平方公里。杭州城西科创大走廊的建设目标是:到 2020 年,实

现创新资源有效集聚,各类人才总量达到 30 万,引进科研院所 100 家,集聚高新技术企业 1000 家、科技型中小微企业 1 万家,各类基金资产管理规模达到 2000 亿元,战略性新兴产业产值比重达到 70%,努力打造全球领先的信息经济科创中心,使之成为国际水准的创新共同体、国家级科技创新策源地、浙江创新发展的主引擎。

杭州城西科创大走廊建设以浙大科技城、未来科技城、青山湖科技城为基础,系统布局建设由基础研究、科技成果转化、创新创业、新兴产业集群构成的高水平创新体系,打造支撑浙江创新驱动发展的科技创新与战略新兴产业大平台。

大走廊建设为未来科技城带来了历史发展机遇和新的使命,未来科技城新的战略定位是"一流的国际化创新创业社区,浙江转型发展的引领区与高端人才特区,杭州现代化城市副中心和城西科创大走廊核心区、示范区、引领区",这一定位也促进了未来科技城向高水平、国际化的一流城市创新区的系统升级。

(二)基础研究与企业研发并重:科技创新平台体系建设

在杭州城西科创大走廊战略中,未来科技城作为核心区域,将被打造成为引领全省发展的"创新极"和全球领先的信息经济科创中心。为此,未来科技城不断推进科技创新平台建设。北京航空航天大学等相继在未来科技城设立研究院;与浙大医学院、康万达公司开展合作,启动建设创新药物早期成药性公共平台、信息化创新药物集成转化中心两个功能互补的公共平台。浙江省在未来科技城加快了人工智能小镇、之江实验室等重大科技基础设施的布局,开始建设"基础研究、应用研究、大学成果转化、企业研发"等有机融合的城市创新体系。

1.加快企业研发机构培育。目前,杭州城西科创大走廊已有浙江海康集团有限公司等 8 家省级重点企业研究院、杭州蓝然环境技术股份有限公司等 26 家省级企业研发中心、杭州炬华科技股份有限公司等 5 家省级技术中心、49 家市级研发中心、13 家省级研究院、10 家市级技术中心。其中,8 家省级重点企业研究院包括杭州炬华科技股份有限公司、浙江图讯科技股份有限公司、微泰医疗器械(杭州)有限公司、浙江归创医疗器械有限公司、浙江诺尔康神经电子科技股份有限公司、杭州易文赛生物技术有限公司、浙江星月生物科技股份有限公司、浙江海康集团有限公司等。

2.人工智能小镇布局战略新兴产业前沿领域。2017年6月,人工智能小镇在未来科技城投入使用。人工智能小镇是浙江省紧抓人工智能产业发展机遇,打造成为全国领先的人工智能产业高地的重要战略布局。小镇规划面积约为3.43平方公里,建设目标是:三年内集聚人工智能领域的创新创业人才超过5000名,其中海外高层次人才500名,引进一批人工智能项目和平台载体,形成良好的人工智能产业生态系统,将人工智能小镇建设成为具有全球影响力的人工智能创新研发中心。

目前,阿里—浙大前沿技术联合研究中心、百度创新中心、腾讯创智中心、中乌人工智能产业中心、浙江省智能诊疗设备制造业创新中心、北航虚拟现实/增强现实创新研究院、微软加速器、哈工大机器人—杭州致知科创园、赛翁斯科技、中兴智能产业项目等23个项目计划入驻,160多个获评审推荐项目正在分批入驻。小镇也已经召开过全球人工智能高峰论坛。

3.建设之江实验室,加强重大科技基础设施的战略支撑。2017年9月,之江实验室正式落户人工智能小镇。之江实验室由浙江省人民政府、浙江大学、阿里巴巴集团共同建设。之江实验室的发展目标是创建国家实验室,建设集突破型、引领型、平台型一体的新型研究机构,坚持以国家目标和战略需求为导向,以重大科技任务攻关和大型科技基础设施建设为主线,力争到2022年,集聚科研人员2万名,打造顶尖科学家、行业领军人才领导的创新创业团队200个,网络信息领域相关学科影响力进入全球前列,建成一批国际领先的大科学工程和大科学装置,基本形成以信息经济为先导、以杭州城西科创大走廊为主平台的"互联网+"全球产业科技创新高地。

在研究方向上,之江实验室聚焦网络信息、人工智能,以大数据、云计算为基础,布局未来网络计算、泛化人工智能、泛在信息安全、无障感知互联、智能制造与机器人等五大方向,谋划建设智能云、工业物联网、大脑观测及脑机融合、量子计算研究等四大科学装置。

(三)高水平与国际化:城市功能的系统升级

在杭州城西科创大走廊的整体发展框架下,未来科技城的交通网络体系、城市环境和公共服务等都加快了系统升级,形成对建设高水平、国际化的一流城市创新区的有力支撑。

1.打造外联内畅的交通体系。未来科技城加快统筹铁路、公路、水路、航空、城市交通建设,构建以杭州西站铁路枢纽为核心,以道路网、轨道网、地面公交网为支撑的"一核三网"综合交通体系,实现"15分钟进入高速网、30分钟到达杭州主城区中心、1小时通达杭州东站和萧山国际机场两大门户"的目标。

2.系统提升城市环境建设水平。目前,未来科技城对标美国硅谷等城市建设,加快城市规划设计与开发,着力提升城市综合承载力、高端商务服务能力、公共服务和国际化水平,从整体上优化城市景观风貌和空间格局。恪守"生态为基、功能高端",维护原生态环境,构建和谐共生的生态本底,加快推进未来科技城CBD城市综合体、海港城、生活休闲街区等商业和文体项目建设,打造生态、生活、生产的三生融合新型城市创新空间。

3.建设高水平、国际化的公共服务体系。目前,大大加快浙大一院余杭院区、国际教育园等项目建设,加快启动公共中心区域开发建设,推进与阿里巴巴合作共建的国际人才社区建设,大力加强高质量医疗、教育供给和社区建设,建设高端人才创新创业的宜居之地。

第四节　未来科技城经济发展的主要模式

作为快速发展的城市创新区,目前未来科技城经济发展逐渐形成了"资智深度融合的孵化经济、龙头企业带动下的创新经济、社会资本全面参与的众创经济"等主要模式,同时促进了未来科技城的创新资源多元融合、创新主体及平台的相互连接以及创新的自组织性等城市创新区特征大大增强,也为我国和浙江省其他地区建设科技城等城市创新区提供了宝贵经验和发展模式借鉴。

一、龙头企业带动下的信息经济

高水平产业发展是城市创新区的生命线。未来科技城在产业发展中,从无到有,依托阿里巴巴、中国移动研究院、中国电信创新园、中电海康总部基地等重点企业与高水平研究机构,不断完善新一代信息技术产业链,产业整体规模迅速扩大,已经成为具有国内带动力、国际影响力的信息产业,形成了龙头企业带动下集群化发展的信息经济发展模式

(一)阿里巴巴发展的"生态成长效应"

2013 年 8 月,阿里巴巴正式入驻未来科技城,并进入了快速成长阶段。2017 年阿里巴巴在未来科技城的相关企业实现了 3027.25 亿元的营业收入,创造税收 162.46 亿元,相比 2012 年的 269.58 亿元和 24.99 亿元,分别增长了 10.2 倍和 5.5 倍,年均增长率分别达 62.2% 和 45.4%。阿里巴巴对未来科技城技工贸收入和税收的贡献度维持在 83% 以上。

更为重要的是,阿里巴巴不仅自身成长迅速,而且通过阿里系创业产生"生态成长与溢出效应"。阿里巴巴上市带来了百万级、千万级甚至亿万级的阿里员工高收入群体,很多员工成为潜在的优质创业者,并选择在未来科技城继续创业。据元璟资本的 2017 年 BAT 创业分析报告,阿里系创业公司高达 1026 家,阿里系创业公司的总估值远超 1 万亿元。

(二)信息产业集聚的"灯塔效应"

阿里巴巴发展带动了"互联网+"产业集群的发展,信息经济成为未来科技城核心产业,出现大量高水平信息产业企业的集聚。2017 年,信息产业企业数达到 2679 家,是 2012 年的 12.6 倍,信息产业收入达 2952.74 亿元,是 2012 年的 20 倍。以阿里巴巴为代表的信息经济企业发展态势良好,除在纽交所上市的阿里巴巴和在创业板上市的正元智慧,25 家信息经济企业在新三板挂牌,5 家企业在区域股权交易市场挂牌。信息经济企业不仅贡献了未来科技城最大的产值和税收,同时也是未来科技城最知名的企业群体,引领着国内信息经济的发展方向。

未来科技城先后吸引中国电信浙江创新园(西区)和中电海康集团有限公司、杭州中智服务外包有限公司、中航工业集团下属浙江联航投资有限公司等 8 家央企以及北京大学工学院杭州未来科技城研究院等 8 家高水平的院所研发基地参与信息产业发展。同时,互联网思维正在渗透传统产业、改造传统企业,"互联网+农业""互联网+商贸""互联网+制造""互联网+生活服务""互联网+智能硬件"等新产品、新业态、新模式层出不穷,为区域经

济发展注入了全新动力,为信息经济持续健康发展提供了源源不断的新动能和新引擎。

二、产城人文融合发展的特色小镇经济

以梦想小镇为代表的特色小镇发展模式和经济形态是浙江省和杭州市未来科技城高水平经济发展模式与新路径的重要探索。在浙江四大都市区发展战略背景下,如何加快杭州等都市区的空间拓展、新兴产业集群培育、高端人才集聚、新城市文化创新培养等问题的破解呢?在这个背景下,梦想小镇为代表的特色小镇作为产城人文融合发展的新型城市化平台模式应运而生。

(一)推进创新创业平台的特色小镇模式发展

梦想小镇"三生融合、四宜兼具、三链融合"的发展理念与实践,带动创新创业平台从科技园区模式向特色小镇模式的转变。梦想小镇紧紧抓住互联网产业发展与"大众创业、万众创新"的历史机遇,通过国际一流生态环境、生活与服务环境的打造,构建创业链、金融链、服务链的三链高度集聚融合,加快形成创新创业环境的国内外比较优势,广泛引进和集聚人才、资本与创新主体,实现高端资源全方位导入,依托高效的培育机制逐步形成了"新四军"创新创业的高水平发展平台。梦想小镇依托"互联网村"和"天使村"天然的相互吸引力,集聚孵化平台40家,金融机构298家,借助专业孵化器、股权交易中心等平台累计举办创新创业类活动470余场,8.1万人次参与。引进创业项目1645个、创业人才14900名;255个项目获得天使梦想基金,166余个创业项目获得百万元以上融资,总额达110.25亿元。

(二)逐渐形成较为系统的新兴产业集群培育生态体系

梦想小镇等特色小镇积极吸引B座12楼、36氪、湾西加速器等36家新型创业服务机构搭建孵化平台,推进与美国旧金山湾区委员会的合作,引进硅谷500 Startups等一流孵化器,形成了涵盖办公、融资、培训、辅导、市场推广等创业各环节的服务链条。以此为基础,未来科技城采用"有核心、无边界"的空间布局,进一步建构形成"以众创空间为载体,以特色小镇为孵化核心,各类科创园区为加速空间,周边街道工业区块为产业化功能区"的新兴产业集群培育生

态体系,成为服务创新型经济发展的"大孵化器"。2019 年,一批孵化成功的项目已迁出梦想小镇,进入附近的"加速器"进行产业化,周边恒生科技园等近 10 个重资产的传统民营孵化器正在向重服务的众创空间转型。

(三)特色小镇群培育促进城市创新区的新生产力布局

当前未来科技城紧紧结合信息经济、生物医药、智能制造、科技金融等产业基础以及发展战略,先后布局了梦想小镇、人工智能小镇、南湖创新小镇、五常湿地科研创投小镇、健康小镇、淘宝小镇等一批特色小镇建设。特色小镇既各自独立发展特色产业和专业化服务,又通过分工合作、要素高度集聚、优化空间布局,形成未来科技城新生产力布局的基础空间结构和合作分工体系。特色小镇群的出现为都市区经济优化空间布局、培育成熟创新创业生态、形成区域创新体系提供了较系统的发展模式。

三、资智深度融合的孵化经济

(一)加强"人才库+项目库+资本库+孵化器"的孵化经济模式

杭州未来科技城是我国支持海外高层次人才创新创业的重要平台,也是浙江省探索"从 0 到 1"的人才经济和创新型经济试验田。在未来科技城建设过程中,把人才作为第一资源,坚持招商引资与招才引智有机结合,以项目招人才、为产业聚人才,尤其重视"带项目、带技术、带资金"的高端人才及创业团队的引进,建立"人才库"。加强海归高层次人才项目的评审与支持,加强与人才及企业的沟通联系,多方掌握融资需求,建立"项目库"。为了帮助创业团队及创业企业实现快速成长,未来科技城积极引进天使投资、风险投资、私募基金等各类资本,吸引多元投资主体,建立"资本库"。成立金融发展中心、创业投资服务中心,引进多元化的孵化器,定期举办投融资洽谈会、项目路演、实时推介等活动,积极搭建对接平台,其目标在于通过整合高端人才、优质项目、资本以及孵化机构、中介机构、一流大学、龙头企业等各类要素,构建孵化导向的创业生态系统和覆盖企业发展各阶段的"梯队递进"融资机制,实现"资智融合"常态化。

专栏2.1

资智深度融合的孵化经济

案例一：仁润科技成立于2013年6月，为一家专注于"互联网＋金融＋行业领域"软件系统平台建设与维护、平台业务运营指导以及金融资产风控、大数据云服务的综合解决方案提供商。获杭高投风险投资，于2016年7月成功登陆新三板。

案例二：灵犀金融成立于2012年，拥有"互联网金融(保险)运营商灵犀金服，互联网保险聚合平台喂小保，以及保险精英创业社群小飞侠"三大业务。2015年获得风险投资，并于同年8月成功登陆新三板，成为新三板互联网保险第一股。

案例三：浙江归创医疗器械有限公司主要研发药物洗脱外周血管支架和球囊等血管类高端医疗器械。已累计吸引7家风投机构，共计8440万元风投资金。曾获得1997年诺贝尔经济学奖的斯坦福大学Myron Scholes教授也以现金入股公司。2014年，被认定为浙江省重点企业研究院。2015年，成为浙江省领军型创新创业团队。2016年开始实施产业化运作，2017年完成销售收入4亿～5亿元人民币。

(二)人才链、金融链、产业链的同步成长

在良好的创新生态和孵化经济模式下，未来科技城出现了人才链、金融链、产业链的同步成长的良好态势，未来科技城(海创园)发展人才经济的"初心"收获了丰硕果实。至2018年底，未来科技城引进海外层次人才3120名，入驻企业获得股权投资已经超过49.3亿元，255个项目获得天使梦想基金3700万元；166个创业项目获得百万元以上融资，总额达110.25亿元。同花顺、炬华科技、正元智慧、新坐标、华正新材5家企业上市，浙达精益等28家企业成功挂牌新三板，重点培育企业34家。

(三)财政扶持方式与民间资本运作机制的创新

采用政府引导基金、创业基金、产业基金、贷款风险池的运作，实现政府扶持"直接变间接、低效变高效、分配变竞争、无偿变有偿、事后变事先"五个变。发挥财政资金"四两拨千斤"的作用，带动社会资本成为科技资本、产业资本。

科技城专门建立 1 亿元引导基金,设立 4 亿元贷款风险池,累计引进股权机构 54 家,吸引省市区引导基金阶段参股 2 亿元。政府的产业引导基金可以带动 4～5 倍投资机构自有资金,后者又通过发行基金进而会带动多倍的民间资本参与。2011—2018 年,未来科技城实际利用外资 16.6 亿美元,引进市外内资 139.6 亿元、浙商资本 7.2 亿元。

第三章　杭州未来科技城发展的总体成效

经过多年发展,未来科技城创业创新活动日益蓬勃,新兴产业成长迅速,产业平台不断完善,产业政策渐成体系,产业新城建设的整体成效初步显现,主要经济指标实现超常规、超预期的增长,以科技创新企业集聚、特色小镇与科创园区平台打造、战略新兴产业集群快速成长为特征的发展模式不断成熟,成为全区乃至全市的重要增长极。

李妍等(2017)、苏炜等(2018)、苑秀娥和王佳伟(2018)等学者从创新环境、创新资源、创新绩效、创新企业、创新经济、创新发展等方面评价区域创新体系构建,即剖析城市创新区的发展。李世奇和朱平芳(2017)、韩心灵和华兴顺(2017)、朱旭(2018)等从产业维度来测算科技新城的成长与发展。张永强等(2017)、王蕾(2017)等学者从人才要素、资金要素、科研项目出发来衡量区域要素流通的便利化程度,进而研究重点园区和特色小镇等平台建设对科技城所带来的重要影响。据此,本书将从未来科技城的企业集聚、产业发展与园区平台、特色小镇等方面来剖析杭州未来科技城的发展成效。

第一节　未来科技城整体发展与企业集聚成效

未来科技城高质量、快速发展,服务业成为主导产业,企业数量呈现阶梯式增长,以科技型小微企业为主体的新兴产业迅速成长,主要经济指标实现超常规、超预期的增长,科技创新企业集聚的空间发展特征非常明显,企业经济效益与高质量优势明显。

一、整体经济规模和质量高速发展

（一）技工贸总收入年均增幅超过 56％，2014 年及之后服务业收入占比稳定在 95％以上，产业结构较为高级

2012—2018 年，未来科技城技工贸总收入从 343.14 亿元上升到 4997.11 亿元，年均增幅达 56.27％，其中工业营收从 2012 年的 35.88 亿元上升到 2018 年 66.68 亿元，服务业营收从 307.26 亿元上升到 4930.43 亿元，年均增长率分别为 10.88％和 58.81％。2014 年及之后，服务业收入占比稳定在 95％以上，产业结构较为优化（如图 3.1 所示）。

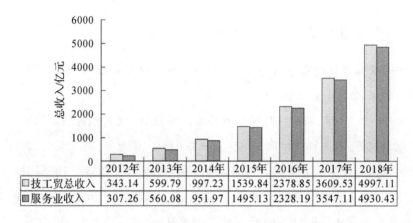

	2012年	2013年	2014年	2015年	2016年	2017年	2018年
☐ 技工贸总收入	343.14	599.79	997.23	1539.84	2378.85	3609.53	4997.11
■ 服务业收入	307.26	560.08	951.97	1495.13	2328.19	3547.11	4930.43

图 3.1　2012—2018 年未来科技城技工贸总收入与产业结构

（二）财政总收入七年增长近 8 倍，财政收入与固定资产投资保持基本同步增长，未来科技城建设良性发展

2012—2018 年，未来科技城财政总收入从 30.54 亿元上升到 264.72 亿元，年均增长率为 43.32％。2018 年固定资产投资为 113.14 亿元，是 2012 年的 51.35 亿元的 2.2 倍（如图 3.2 所示）。财政收入与固定资产投资保持基本同步增长，说明未来科技城收支状况良好，一方面未来科技城经济效益显著，另一方面未来科技城城市和企业建设进展迅速。

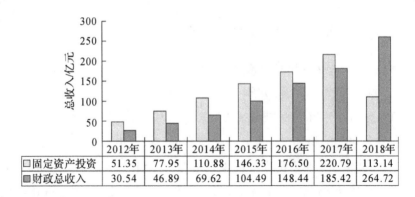

	2012年	2013年	2014年	2015年	2016年	2017年	2018年
□固定资产投资	51.35	77.95	110.88	146.33	176.50	220.79	113.14
■财政总收入	30.54	46.89	69.62	104.49	148.44	185.42	264.72

图 3.2　2012—2018 年未来科技城财政总收入与固定资产投资

二、企业数量呈现阶梯式增长

（一）企业总数量七年增加了 12887 家，年均增长率达 64.38％，限上服务业企业营收占比超过 98％

2012—2018 年，未来科技城政策环境不断优化、投资条件日益改善、基础设施逐渐完善，未来科技城内部的企业个数明显大幅度增加。2012—2018 年，未来科技城企业数从 688 家上升到 13575 家，企业总数增加了 12887 家，年均增长率达 64.38％。其中工业企业从 2012 年的 193 家上升到 2018 年的 275 家，服务业企业从 2012 年的 495 家上升到 2018 年的 13300 家，年均增长率分别为 6.08％和 73.06％。2018 年，服务业企业占未来科技城企业总数的 97.97％。2018 年未来科技城限上服务业企业数达 157 家，实现营业收入 3210.99 亿元，税收 260.34 亿元（见表 3.1）。

表 3.1　2012—2018 年未来科技城企业数量　　　　　　单位:家

企业数	2012 年	2013 年	2014 年	2015 年	2016 年	2017 年	2018 年
企业总数	688	1121	1850	3721	6745	10407	13575
工业企业数	193	213	225	238	244	270	275
规上工业企业数	25	33	38	46	46	46	46
服务业企业数	495	908	1625	3483	6501	10137	13300
限上服务企业数	43	35	36	50	73	100	157

（二）在空间分布上,企业加快向特色小镇和专业化科创园区集聚

随着未来科技城信息经济、生物医药产业政策的不断加强完善,特别是特色小镇建设的加快,信息经济、生物医药企业加快向特色小镇和专业化科创园区集聚,从表3.2可以看出,文一社区、朱庙社区、永福社区等以往的企业集聚地被专业化产业平台所代替。2012—2016年,科创中心(健康谷)集聚企业的数量始终排名第一,在2017—2018年,财通大厦连续两年超过科创中心(健康谷)跃居第1位,企业数量增长到977家。杭师大科技园、恒生科技园、安通电子信息科创园、海创园等专业化科创平台也一直是企业集聚度很高的产业园区。2015年开始,以"产城人文融合"为特征的梦想小镇互联网村和天使村开始成为互联网企业、金融机构首选创业地,企业数量出现倍增。2012—2016年企业分布如图3.3所示。

表 3.2　2012—2018 年未来科技城主要园区企业数量　　　　单位:家

2012 年	科创中心 (健康谷)	文一社区	朱庙社区	杭师大科技园	永福社区
	157	69	28	20	20
2013 年	科创中心 (健康谷)	文一社区	财通大厦	恒生科技园	灵源村
	325	72	55	48	39
2014 年	科创中心 (健康谷)	安通电子信息 科创园	财通大厦	恒生科技园	海创园
	361	235	185	92	83
2015 年	科创中心 (健康谷)	财通大厦	互联网村	安通电子信息 科创园	恒生科技园
	727	579	270	259	157
2016 年	科创中心 (健康谷)	财通大厦	互联网村	天使村	安通电子信息 科创园
	986	887	641	540	288
2017 年	财通大厦	科创中心 (健康谷)	恒生科技园	安通电子信息 科创园	浙江海外高层 次人才创新园
	983	690	425	341	285
2018 年	财通大厦	科创中心 (健康谷)	恒生科技园	浙江海外高层 次人才创新园	安通电子信息 科创园
	977	697	503	375	349

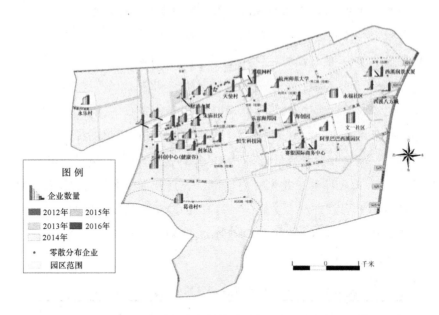

图 3.3　2012—2016 年杭州未来科技城重点开发区域各年企业数量分布

(三)企业利润年均增长率为 39.00%,企业税收增长近 5 倍

2012—2018 年,企业利润快速增长,年均增长率为 39.00%,如图 3.4 所示。与此同时,税收从 32.08 亿元增加到 283.57 亿元。2018 年,税收达到 283.57 亿元,同比增长 29.80%。

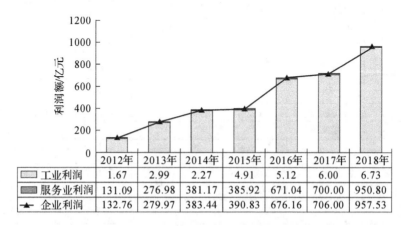

	2012年	2013年	2014年	2015年	2016年	2017年	2018年
工业利润	1.67	2.99	2.27	4.91	5.12	6.00	6.73
服务业利润	131.09	276.98	381.17	385.92	671.04	700.00	950.80
企业利润	132.76	279.97	383.44	390.83	676.16	706.00	957.53

图 3.4　2012—2018 年企业利润总额增长

三、科技型小微企业、企业研发机构发展迅速

(一)科技型小微企业发展迅速

未来科技城把培育发展科技型小微企业作为支撑经济转型升级的大事来抓,制定了科技型企业创新园建设三年计划,专攻科技型企业创新园建设及企业招引,形成科技型小微企业"星火燎原"的发展态势,未来科技城已经成为全国有影响力的人才创新创业目的地和科技型小微企业大平台。从企业注册资本来看,注册资本小于50万的未来科技城科技型中小微企业比重较高,并以科创园区作为成长发展的平台(见图3.5)。目前,未来科技城科技型中小微企业已达3118家。同时,随着企业的不断发展壮大,未来科技城也逐渐形成一批成规模发展的企业。2018年,纳税千万以上企业达到44家,纳税百万以上企业达到247家。除去阿里系,其他企业的税收年均增幅达到了48%,企业规模不断扩大,企业效益显著提升。

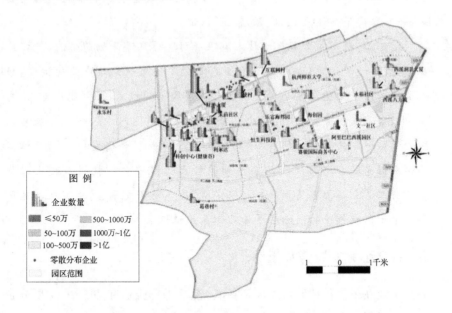

图3.5　2018年杭州未来科技城重点开发区域不同注册资本企业分布

(二)企业研发机构创新强

未来科技城集聚了一批研发机构实力强、创新能力突出的企业。市级及

以上高新技术企业累计达到 432 家,已有浙江海康集团有限公司等 8 家省级重点企业研究院、杭州蓝然环境技术有限公司等 35 家省级企业研发中心、杭州炬华科技股份有限公司等 5 家省级技术中心、49 家市级研发中心、13 家省级研究院、10 家市级技术中心、重点实验室 2 家,创建中国驰名商标的企业 1 家、省著名商标的 5 家。一批研发成果填补了国内空白,如贝达和诺尔康分获国家科学技术进步奖一等奖、二等奖。

专栏 3.1

未来科技城创业企业代表案例

案例一:浙江诺尔康神经电子科技股份有限公司主要从事电子耳蜗系统仿真和评价方法研究。拥有完全自主知识产权 78 项,其中发明专利 30 项,实用新型专利 27 项,是中国第一家实现了国产各年龄阶段全覆盖植入人工耳蜗的公司,也是中国唯一一家把人工电子耳蜗推向市场的公司,并且取得了 SFDA 认证、欧盟 CE 认证。

案例二:杭州易文赛生物技术有限公司主要从事干细胞储存、免疫细胞治疗肿瘤、干细胞药物开发、干细胞基础及临床研究与产业化运营,独家引进美国干细胞上市公司 7 个国际宫内膜专利技术,填补国内空白,自主申报国家发明专利 8 项(其中 2 项已授权),是国内唯一一家开展宫内膜干细胞研究的企业。拥有"干细胞与分子诊断联合研发中心""天津国际生物医药联合研究院浙江应用细胞技术工程中心""杭州市院士工作站""浙江易文赛细胞药物和制品研究院"等多个研发平台,拥有亚洲地区第一个干细胞行业的国际质量管理体系认证证书。

四、海归企业发展势头迅猛

海归企业在未来科技城快速成长,2018 年底海归企业有 761 个,主要分布在海创园和科创中心(健康谷)。从海归企业营业收入增幅来看,海创园的海归企业 2016 年的增速最快,远远高于其他园区。与之相对应的是,海创园、科创中心(健康谷)内部的海归企业贡献了大量税收(见图 3.6、图 3.7)。调查发现,海归企业更加偏向于海创园、科创中心(健康谷)、财通大厦、恒生科技园等园区。一方面,海归企业主要是高科技企业,所以更加偏向于创新创业氛围浓厚、研究基础实力强的园区;另一方面,这些园区的配套设施也更加健全,能够为海归企业提供更多的政策保障、资金保障等。

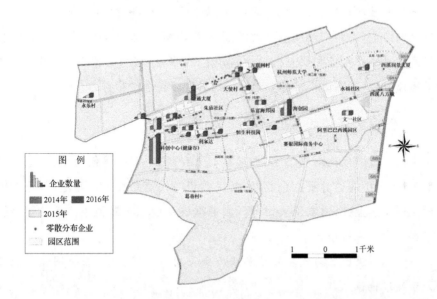

图 3.6 2014—2016 年杭州未来科技城重点开发区域年度海归企业分布

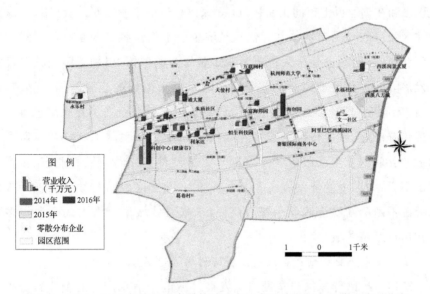

图 3.7 2014—2016 年杭州未来科技城重点开发区域海归企业营业收入分布

第二节　未来科技城的产业发展成效

未来科技城将信息产业、健康产业、新能源新材料、金融产业作为重点培育发展的产业,出台产业支持政策,加强特色小镇、专业化科创园区平台建设,引进高水平领军企业和研究机构、专业化公共服务平台,促进了科技城相关产业的迅速发展,并在国内外相关领域逐渐具有了较强的影响力。

一、信息经济成为核心产业

未来科技城依托阿里巴巴、中国移动研究院、中国电信创新园、中电海康总部基地、量子通信等重点企业,不断完善新一代信息技术产业链,产业整体规模实现快速上升,物联网、云计算、大数据等新业态不断衍生。目前信息经济已经成为未来科技城第一大产业。

(一)以阿里巴巴为代表的信息经济企业发展态势良好,在全国信息经济中处于领军地位

以阿里巴巴为代表的信息经济企业发展态势良好,除在纽交所上市的阿里巴巴和在创业板上市的正元智慧,13 家信息经济企业在新三板挂牌,5 家企业在区域股权交易市场挂牌。信息经济企业不仅贡献了未来科技城最大的产值和税收,同时也是未来科技城最知名的企业群体,引领着国内信息经济的发展方向。梦想小镇的示范作用带动了更大范围的互联网创业热情,近10 个传统民营孵化器也通过服务升级培育创新创业企业。互联网思维正在渗透传统产业、改造传统企业,"互联网＋农业""互联网＋商贸""互联网＋制造""互联网＋生活服务""互联网＋智能硬件"等新产品、新业态、新模式层出不穷,为区域经济发展注入了全新动力,为信息经济持续健康发展提供了源源不断的新动能和新引擎。此外,未来科技城最具潜力的企业也多集中在信息经济领域。

(二)信息产业的创业企业向互联网村的快速集聚

2012—2018 年未来科技城重点发展区域电子信息产业的企业数分别为165、202、237、869、1486、2679、3170 家,增长幅度为 1821.21%。从增长幅度

而言,梦想小镇互联网村的增速远远高于其他各个园区,这得益于良好创新创业环境的打造,促进了互联网等信息产业众多创业企业的快速集聚(见图3.8)。

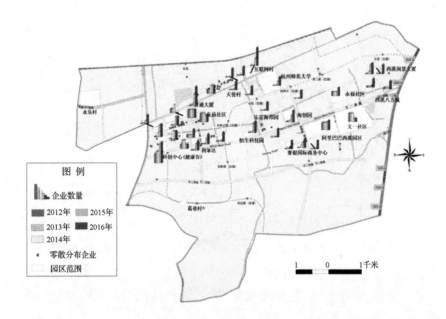

图3.8　2012—2016年杭州未来科技城重点开发区域电子信息产业企业数量分布

　　(三)信息经济企业的产值和税收贡献占未来科技城的80%以上,是未来科技城主导产业,其中阿里巴巴西溪园区贡献超过95%

　　随着企业个数的快速增长,营业收入也迅速增加,2018年未来科技城信息产业实现营业收入3974.58亿元,占未来科技城总营收的79.5%,相比2012年的279.62亿元,年均增长率达55.63%。

　　2012—2018年未来科技城重点开发区域电子信息产业的税收从25.20亿元增长到247.63亿元,增长幅度为882.66%,主要来自阿里巴巴西溪园区(97.90%)、科创中心(健康谷)(3.54%)、海创园(1.53%)、恒生科技园(0.59%)等园区,2012—2016年杭州未来科技城重点开发区域电子信息产业杭州分布情况见图3.9。

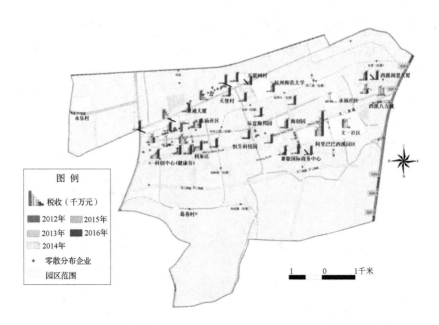

图 3.9 2012—2016 年杭州未来科技城重点开发区域电子信息产业税收分布

二、健康医疗产业的人才集聚与空间特征明显

健康医疗产业是国际新兴产业。未来科技城基于人才政策优势和创新创业环境优势,积极引进海归生物医药人才,重点培育生物医药和医疗器材产业,从创新源头打造具有未来科技城特色的健康医疗产业。未来科技城通过加快健康谷建设、打造产业公共服务平台、加大政策支持力度,推动生物医药产业的快速发展,产业集聚效果显著。

(一)健康医疗产业具有明显的人才集聚和企业集聚特点

未来科技城健康医疗产业中,海归企业占企业总数的比例保持在 50% 左右,产业发展显著受益于海归创新创业政策。2012—2018 年,未来科技城健康医疗产业的企业数分别为 51、108、168、205、266、381、412,总增长幅度为707.84%,总体上基本呈线性增长(见图 3.10)。目前,健康医疗产业共集聚省"千人计划"人才 41 名,海归人才的集聚促进了海归企业的快速积聚与成长。因此,健康医疗产业是显著受益于未来科技城海归人才创新创业政策的产业领域。

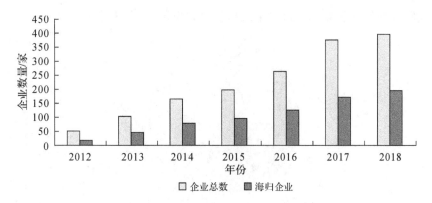

图 3.10 2012—2018 年健康医疗产业企业总数量与海归企业数量

(二)海归企业整体技术创新水平高

海归企业主要布局生物医药产业链上游,但过半数的企业仍处于研发阶段,政府的各种资助和孵化支持政策发挥了很大作用。在未来科技城 140 家海归生物医药企业(有效样本)中,76％的企业大部分处于产业链的上游,拥有原创性技术,所研发的产品科技附加值很高,且对整个行业具有重大意义,国内竞争对手较少,但是面临的竞争者往往是国际公司。24％的海归企业处于产业链的中游,没有位于产业链下游的企业。处于产业链中游的企业所研制的产品在行业内有广泛应用,同行业的竞争者较多,但产品的技术含量高,有较高行业壁垒(见图 3.11)。

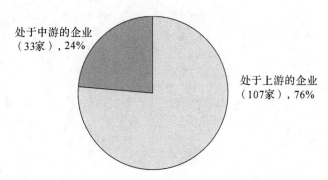

图 3.11 海归生物医药企业的产业链与发展阶段分布情况

从企业发展阶段来看,56％的海归生物医药企业处于研发阶段,44％的企业开始进入产业化的阶段。总的来看,海归生物医药企业以孵化研发为主,前期政府各种资助和孵化支持政策发挥了很大作用（见图 3.12）。

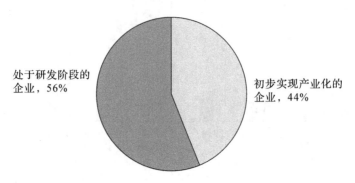

图 3.12　海归生物医药企业的发展阶段分析

（三）健康医疗产业加快向健康谷集聚

以健康谷为核心的健康医疗产业平台作用日益显著，更好地促进了产业空间集聚和产业公共服务水平的大幅度提升。近年来，未来科技城为了进一步加快发展健康医疗产业，培育高水平生物医药产业集群，积极打造健康医疗产业的高端集聚平台——健康谷。从企业空间分布来看，健康医疗企业已经呈现向健康谷加快集聚的特点。从图 3.13 来看，近年来在未来科技城主要

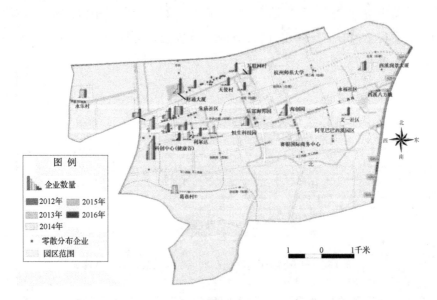

图 3.13　2012—2016 年杭州未来科技城重点开发区域生物医药企业数量分布

科创园区中,健康谷企业数量增长最快,已经形成主要的健康医疗企业集群。

目前,健康谷已建成两幢研发孵化大楼,分别用于新药研发孵化和医疗器械研发孵化。健康谷已经引进创新药物早期成药性评价公共服务平台、省医疗器械检验院余杭分院、省医疗器械审评中心、乐邦医疗"医企帮"和"贝壳社"产业服务平台、"医智捷"科研后勤服务平台、省安全生产科学研究院安全生产监督服务平台等公共服务平台,通过平台的公共服务,降低企业研发成本,提高企业的自主研发能力和孵化成功率,促进产业整体发展。

(四)研发型经济形态明显

由于多数企业尚处于研发阶段,产业发展呈现出企业增长速度快于总营业额增长,总营业额增长又远高于总税收增长的特征,政府可以进一步有针对性地加强研发孵化政策精准支持和产业化阶段系统引导。自2012年以来,健康医疗企业的整体营业收入趋近于线性增长状态,2012—2018年未来科技城健康医疗产业营业收入分别为0.28、3.85、6.34、7.47、8.90、10.05、16.27亿元,增长了57倍。同时,企业税收额度逐年增加,2012年纳税额为0.01亿元,2018年为0.99亿元,增长了98倍(见图3.14)。

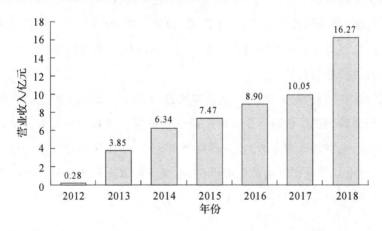

图3.14　2012—2018年未来科技城生物医药产业的营业收入情况

从总体上看,未来科技城健康医疗产业还处于研发型经济阶段,2012到2016年的产业整体盈利状况总体均为负值,2012年利润额为-0.32亿元,2016年仍为-0.3亿元。实际上是因为生物医药产业属于投资周期长、前期研发投入大的产业,由于处于研发阶段的企业占比超过半数,企业缺乏利润来源,因此产业整体盈利状况不容乐观,产业发展呈现出企业增长速度快于总营业额增长,总营业额增长又远高于总税收增长的情况,需要政府和市场资金加以长期扶持。详见图 3.15。

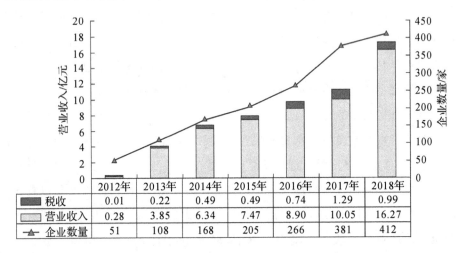

	2012年	2013年	2014年	2015年	2016年	2017年	2018年
税收	0.01	0.22	0.49	0.49	0.74	1.29	0.99
营业收入	0.28	3.85	6.34	7.47	8.90	10.05	16.27
企业数量	51	108	168	205	266	381	412

图 3.15　2012—2018 年未来科技城生物医药产业的企业数量、营业收入、税收增长情况比较

由于生物医药企业进入产业化阶段后,企业将面临一系列新的发展问题,如融资需求、产品的市场推广、人才招聘、行业交流合作等。因此,政府和园区应进一步加强对企业孵化培育的扶持力度,同时应出台具体措施深化对进入产业化阶段企业的扶持。

值得欣喜的是,随着健康谷建设的推进,高水平、多层次产业公共服务体系的不断完善促进了健康谷企业的产业化发展与经济效益的提升。从近年未来科技城产业空间分布来看,在主要科创园区中,不论是营业收入规模还是增长幅度,健康谷园区产业增长速度最快,健康谷可以进一步发挥高水平健康医药产业发展平台的作用(见图 3.16)。

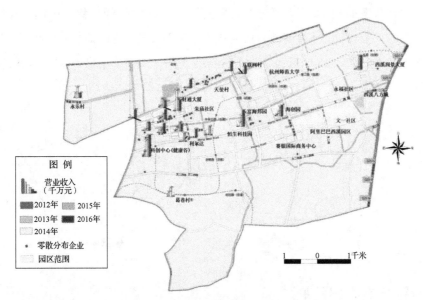

图 3.16　2012—2016 年杭州未来科技城重点开发区域生物医药企业营业收入分布

第三节　未来科技城重点园区和特色小镇建设成效

在未来科技城的建设中,重点科创园区和创新创业平台建设作为始终是的重点,通过专业化园区建设和特色产业公共服务体系的打造,特别是特色小镇的异军突起,逐渐走出了一条以特色小镇和专业化科创园区为核心,构建高水平人才和企业集聚、专业化产业服务集成、新兴产业集群加快培育的特色发展模式。

一、科创园是未来科技城企业培育和产业成长的主平台

未来科技城重点科创园区和创新创业平台的建设成效显著。至 2018 年底,未来科技城累计打造各类科创园区 55 个,面积达 156 万平方米。各类科创园集聚了一大批高新技术企业,累计注册企业突破 13627 家,覆盖电子信息、生物医药、互联网、电子商务等高新技术和新兴产业,是未来科技城企业培育和产业成长的主平台。获得科创园区认定的 14 个区域,创建面积共计 76.8 万平方米;获得众创空间备案企业 2 家(海创科技中心、利尔达物联网科技

园),共计备案面积 12.5 万平方米;即将认定 3 家众创空间(梦想小镇 e 商村、赛银智能产业园、天时科创园),已完成实地考察工作,共计备案面积 116739.9 平方米。2016 年重点园区各产业企业分布见图 3.17,2018 年科创园基本情况详见表 3.3。

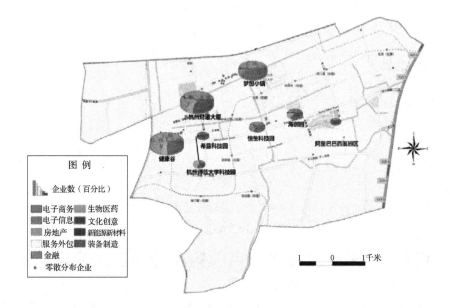

图 3.17　2016 年杭州未来科技城重点开发区域重点园区各产业企业分布

表 3.3　2018 年未来科技城科创园基本情况

序号	科创园名称	主导产业	注册企业数量/家	主要经济指标/万元	
				营业收入	税收
1	浙江海外高层次人才创新园	电子信息	285	541886.76	57958.59
2	科创中心(健康谷)	生物医药	690	1315087.20	65568.64
3	润业科技园	节能环保	94	24392.85	712.22
4	财通科技园	生物医药	983	1428119.20	20886.28
5	安通科创园	电子信息	341	87058.28	2290.12
6	顺帆电子信息科创园	安防软件	192	66261.71	1807.61
7	希垦孵化园	电子商务	116	23266.84	830.15

续表

序号	科创园名称	主导产业	注册企业数量/家	主要经济指标/万元	
				营业收入	税收
8	绿岸科创园	动漫游戏	75	103741.11	1803.92
9	风尚智慧谷	生物医药	34	8410.29	201.31
10	杭师大科技园	生物医药	122	14965.50	477.30
11	恒生科技园	互联网	425	278692.60	18128.28
12	精诚电力科技园	装备制造	20	18698.05	794.97
13	华茂科创园	生物医药	154	12564.88	539.83
14	利尔达科技园	互联网及金融	216	194288.84	4948.13
15	恒生电商产业园	电子商务	94	7100.17	265.71
16	海智汇	互联网	13	23.23	4.41

科创园区的建设上总体实现了"五个转变",即办园目的由培育税源为主向培育创新主体为主转变,办园主体由政府办园为主向社会力量办园为主转变,园区类型由综合性园区为主向专业化园区为主转变,盈利模式由当房东为主向当股东为主转变,办园成效由注重数量向注重质量转变。

二、海创园、梦想小镇、健康谷等重点园区和平台发展迅速

(一)众多科创园和特色小镇迅速发展

目前海创园首期 37 万平方米、健康谷 10 万平方米以及梦想小镇等孵化平台基本成型,这些园区企业营业收入直线增加,增幅远远高于其他园区企业。2018 年,16 个科创园营业收入为 665.46 亿元,其中海创园营业收入占比超过 25.11%。而阿里巴巴西溪园区作为单一产业平台,2018 年营业收入占未来科技城技工贸收入的 80.83%,缴纳税额占比为 85.51%,2012—2016 年杭州未来科技城重点开发区域各园区营业收入分布情况见图 3.18。

作为承接海归人才的核心平台,2018 年海创园入园企业达 375 家,实现营收 167 亿元,税收 3.8 亿元。梦想小镇累计集聚孵化平台 40 家、创业项目 1645 余个、创业人才 14900 名、金融机构 1386 家、管理资本 2941 亿元,入选全

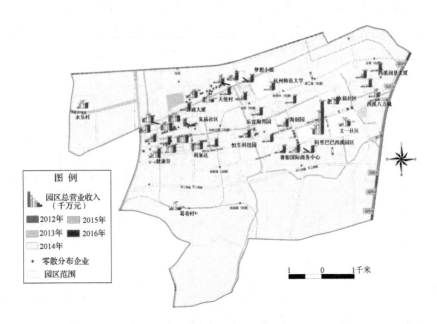

图 3.18 2012—2016 年杭州未来科技城重点开发区域各园区营业收入分布

省第一批特色小镇和省级示范特色小镇。健康谷以生物医药产业为主攻方向,设有创新药物早期成药性评价平台(6000 平方米)、浙江省医疗器械审评中心(1000 平方米)及浙江省医疗器械检验院余杭分院(4200 平方米)等三个公共服务平台。

(二)园区规模发展和经济效益显著

园区营业收入的快速增长,也带动了未来科技城税收的不断增加,各大园区对未来科技城税收的贡献逐步提高。2018 年,未来科技城重点开发区域的税收主要来自阿里巴巴西溪园区(80.72%)、健康谷(7.73%)、海创园(2.32%)、杭州财通科技园(1.83%)等。2012—2016 年杭州未来科技城重点开发区域各园区企业税收分布情况见图 3.19。

总体上看,未来科技城通过专业化园区和特色小镇建设,形成了高水平人才和企业集聚、专业化产业服务集成、新兴产业集群加快培育的特色发展模式。

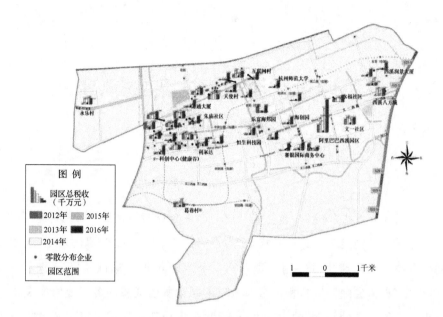

图 3.19　2012—2016 年杭州未来科技城重点开发区域各园区企业税收分布

第四章　海归人才集聚推动
国际创新合作

国以才立,业以才兴。新一轮科技革命下全球范围的人才争夺愈演愈烈,世界各国竞相制定人才强国战略,努力培养人才、吸引人才、留住人才,人才流动也日益呈现全球化、网络化、密集化的特点。依据国家战略需求和未来发展,突出"高精尖缺"导向,积极参与全球人才竞争已成我国各级政府发展中的共识。值得欣喜的是,党的十八大以来,我国形成新中国成立以来最大规模留学人才"归国潮"。数据显示,2018年我国留学回国人员总数为51.94万,较2012年增长24.65万,增幅为90.33%,这些具有全球视野的海归人才正日益成为我国创新创业生力军。

2010年7月,在浙江省委组织部、省人才办全力支持和直接推动下,浙江海外高层次人才创新园正式挂牌。2011年,获评国家级海外高层次人才创新创业基地,并与北京、天津、武汉等地的人才基地一起,被中组部、国务院国资委列为全国四大未来科技城。

未来科技城(海创园)不仅是全国海外高层次人才创新创业的主要基地,也是浙江省创新国际化的重要平台,承载着浙江省、杭州市、余杭区引进高层次人才、发展创新型经济的重任,也是全省加快形成具有国际竞争力人才制度优势的"试验田"。为才而建、因才而兴,过去六年,未来科技城一直把吸引、集聚海外高层次人才作为优先目标,把优化人才发展环境作为核心战略,通过营造良好的政策环境、服务环境和宜居环境,在海外人才"引得进"、海外人才"留得住"、海外人才"干得好"等方面的探索取得了显著成效。

第一节　海归人才集聚促进国际创新合作的理论机制

打造一流人居环境和一流创新创业生态环境,使国际一流城市创新区成为全球创新网络的重要节点和国际创新创业资源集聚地,国际一流城市创新区既是美丽城区和公共服务高地,也是创新创业的城区和国际化城区,是国际城市发展的亮丽风景线(史宝娟,邓英杰,2017)。在此过程中,海归人才所起到的作用越来越重要。国际合作创新对于区域经济转型升级具有重要作用,在此过程中,海归人才的引进将成为国际合作创新的重要力量,推动科技新城的发展(鲁志国,潘凤,闫振坤,2015)。但不可否认,我国科技新城国际创新合作过程中亦存在诸多问题,包括人才瓶颈、资源错配等问题。

科技新城发展在于产业、城市、人之间的互融,产业发展为城市发展奠定了基础,城市发展又为产业发展提供了基础设施、公共服务等前提。产业通过集聚的形式带动劳动力等资源的汇集,从而为城市发展提供了基础(张锐,2017)。马歇尔、威廉姆森等学者对产业集群的优势进行了广泛研究,提出了外部经济、新经济地理、增长极等产业集聚的理论,认为产业集聚有利于专业化分工,能够推动技术外溢,促使生产网络本地化等(谢世清,2009;孙慧,陈杨杨,范志清,2010)。产业集聚也将汇集大量的劳动力,形成较强的规模效应,而劳动力的集聚需要充分的基础设施配套与公共服务,由此催生城市的快速发展,以此来实现产城之间的深度融合(贾康,孟艳,2009)。基于此种考虑,科技新城发展的理论基础在于增长极理论、田园城市理论及新城市主义,而关键因素在于人才。由此可见,科技新城国际合作的关键在于海归人才引进。

增长极理论由法国经济学家佩鲁提出,认为一个国家的经济增长在于其经济中心的发展,而经济中心能够通过技术外溢或者优势传递来带动周边区域的发展,由此形成经济增长极(王元京,张潇文,2013;刘煜辉,2010)。增长极往往具有强大的扩散效应,能够通过不同途径传递到周边区域,带动周边区域的经济发展(张理平,2010)。不仅如此,在产业层面,也具有增长极。核心产业将主导整个产业链发展的方向,也为城市发展提供了必要的基础。增长极一经出现,将会带着整个产业和区域快速发展、深度融合。田园城市理论则是在增长极理论上更进一步,由英国学者霍华德提出(周沅帆,2012)。田园城市一般由一个中心城市和几个卫星城市组成,两者之间相距不远,且通过便利的交通连接,以中心城市为核心、卫星城市为城市副中心,串联起城市发展的轨迹(鲍昀,胡佳男,2013),既能为产业发展提供足够的空间,又能解决城市过于拥挤的问题。田园城市理论为解决产城深度融合中的问题提供了启示。新城市主义则是更加侧重城市的规划,针对杂乱无序的城市发展提供有效的规划思想。同时,新城市主义也更加关注居民生活的质量,不仅注重工业生产和发展,也关心居民的生活环境、公共服务、可持续发展等。以居民需求为出发点,来构建多元化发展的城市,使得传统的生产生活方式转向现代化的生产生活方式,对空间利用更加合理,更加满足居民多元化的需求。不仅如此,新城市主义也更加注重生产与生态之间的关系,限制生态资源的破坏,走更加可持续化发展的道路。

从上述传统理论中,可以看出科技新城发展最直接的表现形式是产业园区。一方面,产业园区的发展有效配置了城市资源,积累了财富,吸引了人才,为城市发展提供了物质基础;另一方面,产业园区的发展吸引大量劳动力进驻,拓宽了城市的空间,延伸了城市的边界。同时,城市发展为产业发展提供了前提,城市发展能够吸引高端人才、风投资本等要素入驻,为产业发展提供充足的要素保障。而且城市发展也会促进生产性服务业,由此更好地推动产城融合。

在此过程中,人才作为产城融合中的核心,是产业和城市发展的纽带。人作为劳动力,能够为产业发展提供充足的劳动要素,其需求也牵引着城市的发展方向。海归人才的国际化需求是推动科技新城国际合作的重要因素之一。杭州未来科技城起源于余杭组团(创新基地),以阿里巴巴为锚企业、以特色小镇为平台载体,集聚国际化人才、资金等高端创新资源,在杭州城西科创大走廊建设的时代背景下,着力打造成为浙江转型发展的引领区、杭州现代化副中心。杭州中心城区产业用地明显不足,难以承载高科技新兴产业的发展,以及人口密度大、交通拥挤等问题也阻碍了人才等创新资源的流入,所以急需发展城市副中心来有效承接这部分产业及人口,未来科技城便是在此大背景下快速成长。而且未来科技城通过设立海创园等平台,大手笔吸引海归人才进驻,有效推动未来科技城的国际创新合作,促使未来科技城快速发展,引领未来科技城成为国际化的重镇。

第二节　未来科技城海归人才集聚成效显著

经过多年发展,一大批海外高层次人才迅速集聚,一支以海归系、浙大系、阿里系、浙商系为代表的"新四军"不断壮大,有力带动了区域"大众创业、万众创新"浪潮的蓬勃兴起。未来科技城已发展成为全省创新创业人才最密集、增长最快的人才特区和人才高地。

一、海归高层次人才集聚成效初步呈现

近年来,未来科技城(海创园)把人才作为第一资源,全力打造国际高端链接网络,建设浙江海外高层次人才创新园,支持海归高水平人才创新创业。未来科技城以"人才＋资本＋科技"的方式吸引集聚海内外高端人才,助推人才更快更好发展,致力于打造人才生态最优。经过多年的努力,海归高层次人才引进工作成效显著。

(一)海归高层次人才引进规模不断扩大

至 2018 年底,未来科技城已累计引进海外高层次人才 3120 名(见图 4.1),其中"省千"193 名,另有两院院士 10 名、海外院士 5 名。一些顶尖专家,如丘成桐、江雷、吴柯等领衔的项目落户,胡放、赵中、翁渝国等多名国际一流的领军型人才入驻,集聚了以马云为代表的大量极具创业创新活力的人才投资置业。

梦想小镇和阿里巴巴西溪园区集聚各类高层次人才分别达到 4000 余名和 17000 余名,科技城累计新增创新创业人员超过 10 万人。这些人才都拥有过硬的技术创新能力,为未来科技城的创新发展做出了巨大贡献。海外高层次人才落户海归创业项目 746 个,入选省领军型创新创业团队 7 支,贝达和诺尔康分获国家科学技术进步一等奖、二等奖。

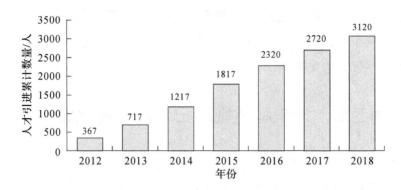

图 4.1 2012—2018 年海归高层次人才引进累计数量

(二)海归高层次人才整体水平不断提高

海归高层次人才普遍具有高学历且具有丰富的工作经历。首先,未来科技城海归人才具有硕士及以上学历的占比达 98%,为创业创新打下坚实知识基础(见图 4.2)。在具有硕士及以上学历的人才中,拥有博士学历的人才数量占到全部人才的半数以上。

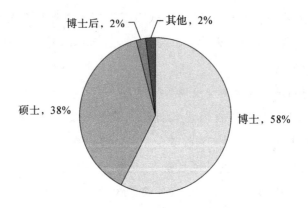

图 4.2 海归人才学历构成

其次,未来科技城高端人才的教育和工作背景层次也很高。未来科技城的人才队伍中,曾在国际名校中就读的比例就高达 67%;另外,在港澳台名校就读的数量比例也有 8%(见图 4.3)。

最后,未来科技城的海归高端人才具有在公司或研究机构工作经历的占比达 31%,在这些具有工作经历的人中,64% 在世界 500 强等国际知名企业工作,16%在国际知名研究机构中承担研究任务(见图4.4)。总体而言,未来科技城的海归人才普遍接受了高质量的教育且积累了宝贵的工作和社会经验。

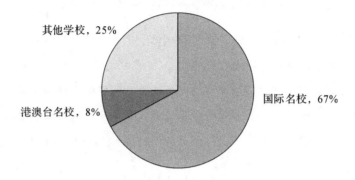

其他学校,25%

国际名校,67%

港澳台名校,8%

图4.3 海归人才教育背景分布

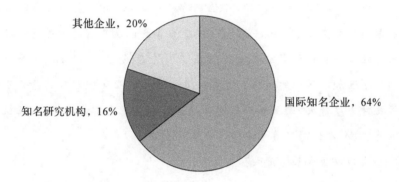

其他企业,20%

国际知名企业,64%

知名研究机构,16%

图4.4 未来科技城人才工作背景层次

二、海归人才经济发展模式不断成熟

近年来,未来科技城不断完善海归高层次人才的项目资助和奖励制度,针对海外院士、"省千"等各类人才奖励采取了详细的激励措施,做了详细的发展规划。到2018年,各类人才奖励金额累计达2.4亿元。2018年,科技城共开展三次项目评审,参评项目281个,项目申请人层次普遍较高,共评出重点推荐类项目83个,一般推荐类项目112个,继续跟踪类项目85个。

专栏 4.1

人才生态最优城吸引最优人才

2010 年伊始,海归郑攀就开始往返于中美之间。由于看好市场行情,有不少投资者向郑攀伸出了橄榄枝。郑攀考虑到,对研发型的企业来说,人才优势和科研支持是重中之重,母校浙江大学毗邻杭州未来科技城,地理位置十分优越。2011 年初,微泰医疗器械有限公司在海创园成立了,主要从事第三类医疗器械研发、生产、销售及维护,硅集成微型智能胰岛素泵正是公司的核心产品。

郑攀的技术团队很快组成,而且人员配置非常优秀,14 人的核心研发团队中,四位拥有博士学位,五位拥有硕士学位,而且主要来自美国硅谷和国内著名企业,有着良好的声誉、行业背景以及丰富的中美高科技企业管理经验。其中最有意思的是他在美国的老板 Dore Mark,也跟着他来到了中国加入了他的团队。郑攀对海创园的创业环境非常满意。不仅政策扶持力度较大,而且从领导到普通工作人员态度都诚恳热情,在扶持政策兑现、人才公寓安排等方面工作细致周到。

(一)海归企业成长速度快

近年来,海归高层次人才创办的企业发展非常快。至 2018 年底,未来科技城重点开发区域共有海归企业 761 家(见图 4.5),诺霖互动公司、今奥信息

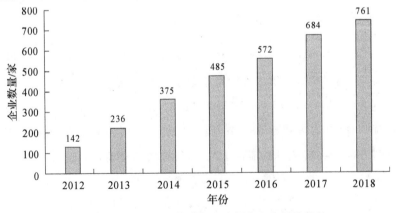

图 4.5　2012—2018 年海归人才创业企业累计数量

科技公司等企业在新三板成功挂牌。至此，未来科技城新三板挂牌企业达28家，挂牌总数占全区总量的三分之一多，10家为海归人才创办企业。

（二）海归企业云集于高新技术产业领域

海归企业主要属于软件和物联网、云计算大数据、信息技术、文化创意等高新技术和新兴产业领域。2018年，海归企业中，信息技术领域企业占比25%，软件与物联网占比23%，云计算大数据占比14%，文化创意占比25%，装备制造等其他产业占比13%（见图4.6）。

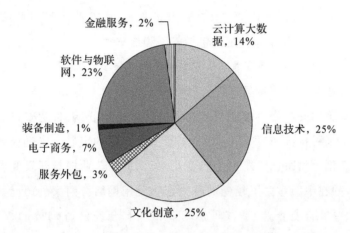

图4.6　2018年海归人才创业企业产业领域分类

贝达药业和诺尔康分别获得国家科技进步一等奖和二等奖，此外，诺尔康荣获"第四届中国创新创业大赛生物医药行业总决赛"一等奖，而诺尔康技术也被李克强总理称为高科技中的硬技术。零零科技、捷尚视觉、极加科技等30多家海归企业相继举行新品发布会，在呈现最新产品设计理念的同时，让更多人领略了未来科技城海归企业的风采。易文赛生物技术有限公司建立浙江省首个区域细胞制备中心；汇莘智能科技有限公司对外正式发布了国内首个智慧机器视控开发平台，打破了目前由国外公司在中国市场的垄断。

三、国际高端网络链接不断完善

通过近些年的发展，未来科技城在国际高端链接网络节点搭建、范围拓展和层次提升方面初见成效，形成了网络覆盖广度与发展深度兼具的网络发展格局。高端链接正是一座桥梁,能有效连接国内国际两个市场,带动前沿创新知识向本地集聚。人才是打造国际高端链接网络的关键节点,通过精准服务汇集了一批国际高端人才,国际高端网络节点的集聚效应逐步呈现。国际高端网络地域分布范围不断拓展,以亚洲为中心,并不断向世界其他地区扩散。

(一)国际人才网络范围逐渐拓展

未来科技城的人才来源广泛,几乎来自世界各大洲,展现出"兼容并包"的发展态势。其中,亚洲地区的人才数量所占比重最大,达到四分之三,主要包括日本、新加坡和韩国等;其次为欧洲,占比为12%,主要包括英国、法国、瑞士等;再次为北美,占比为8%,主要包括美国和加拿大。

(二)合作网络层次逐渐提升,实现世界五百强项目"零"的突破

浙江贝达药业联姻美国安进公司。2013年5月福布斯全球500强、国际制药业巨头美国安进公司成功与浙江贝达药业公司联姻,贝达安进制药有限公司落户未来科技城,实现了世界500强项目"零"的突破。安进公司是全球领先的创新型生物医药研发和生产企业,浙江贝达药业擅长开发和营销分子靶向药物,并在中国建立了领先的肿瘤药物营销网络。两家公司已经签署了协议,成立一家合资企业,浙江贝达药业将拥有合资公司51%的权益,剩余49%的权益为安进公司所有。合资企业结合两家公司的优势,推动创新型生物医药研发和市场化,共同推进安进公司抗癌药物帕妥木单抗在中国的市场化,以便尽早并有效地将帕妥木单抗引入中国,令中国患者受益。

IBM投资入股世导销售通路平台项目。2016年11月,国内领先的公有云服务商世导集团与IBM公司签署战略合作协议书。双方在公有云领域展开深入合作,IBM提供从理念、技术到服务的全面指导与支持,帮助世导集团建立基于IBM天合应用服务器(PowerLinux)的"e掌管"公有云服务基础架构平台,并助力其成为全球领先的云管理服务提供商。世导集团和IBM将联手打造世界一流的云服务创新应用平台,开创云服务创新领域的新格局。

第三节　海归人才集聚有效推动科技城国际创新合作

海创园是海归人才集聚与国际高端网络链接的重要平台,打造完善的创

新环境,吸引国外高端人才和企业的落地。以精细化的项目管理带动项目层次的高端化。以"基础设施建设先行、公共配套建设跟进"的思路,完善国际化发展的软硬环境,提升区域规划和公共服务的国际化水平。通过拓展获取国际高端要素的外部渠道,吸引国外高端人才及大型科技型企业进驻未来科技城发展。

一、推进海创园建设,搭建海归人才创新创业平台

浙江海外高层次人才创新园是浙江省为贯彻国家人才战略、加快经济转型升级而创建的高端平台。园区定位为按全新机制运行的人才改革发展试验区,集聚海内外高层次人才的创新创业高地以及辐射长三角的西溪智力硅谷。

紧贴国际高端人才多样化需求,打好"政策＋服务"的组合拳。海创园为才而建、因才而兴,坚持把吸引、集聚海外高层次人才作为优先目标,注重发挥人才特区政策、服务、机制优势,不断增强对人才的吸引力。

(1)研究制定引才奖励、人才房租售、人才创业项目补助等一系列建设人才特区的政策,主要包括《未来科技城(海创园)引进人才创业资助奖励管理办法(试行)》《浙江海外高层次人才创新园人才评审管理办法(试行)》《浙江杭州未来科技城(海创园)人才租房补助管理办法》《浙江杭州未来科技城(海创园)人才安家费(购房)补助操作细则》等,目前累计落实海归人才创业资助1.5亿元。

(2)人才招引工作多管齐下,与国际高端机构建立长期合作。一是建立海外名校引才工作站。2012年11月,美国旧金山湾区委员会杭州未来科技城办事处成立,充分利用驻美办事处和硅谷孵化器的作用,广泛接触高精尖人才,引进重量级行业权威专家,提高科技城入驻人才的总体质量;深入高校,与北大工学院、清华珠三角研究院、浙大校友会等组织建立与海外高层次人才的多渠道联系。浙大海外联谊站受"杭州市专家与留学人员服务中心"的委托,成立了杭州市海外留学人才美国旧金山联络处。二是赴欧美韩等地招引求实效。同时发挥硅谷海外引进人才工作站的作用,即做好海外人才项目需求征集和前期对接工作,积极邀请海外意向人才参会。三是加强省市

相关职能部门的联系。积极参与浙江省海外高层次人才联谊会（海高会）的相关活动，与侨联、科协、海高会、民主党派、海外科技人才协会等组织联合举办引才活动。

专栏 4.2

成功老海归帮扶新海归创业

浙江海邦基金是 2010 年成立的全国首支以"成功老海归帮扶新海归创业"为宗旨的基金。朱晓康就是浙江海邦基金引进的一名海外高层次人才。2011 年 5 月，浙江省在美国举办"浙江民营资本与海外人才智力对接活动"，海邦人才基金合伙人在纽约的活动上与朱晓康博士结识。在与朱博士及其团队交流后，海邦人才基金提出为其项目提供 2000 万元的天使投资，并多次沟通创业细节，直到创业项目落户未来科技城。现在，朱博士创办的企业已成为国内量化投资领域龙头企业之一，管理资金规模超过 50 亿元，团队中有多人入选省、市"千人计划"项目。浙江海邦基金目前基金规模 9 亿元，管理资产规模达 25 亿元，已投资高层次人才项目 40 多个。

（3）打造一站式创新服务体系。在服务上，紧贴人才多样化需求，引入浙江省科技信息研究院、省人力资源交流服务中心资源，打造保姆式、一站式创新服务体系；同时，随着 37 万平方米海创园首期研发孵化平台的投入使用，10 万平方米科创中心二期的建成以及 12 万平方米人才公寓如火如荼的建设，已形成支撑创新创业的设施环境。随着政策、服务体系的不断完善，科技城对高端人才的吸引力不断增强，人才引进逐步从"零敲碎打"到"滚雪球式、成建制式"转变。

专栏 4.3

未来科技城努力推动人才政策"五个转变"

一是转变开发模式。结合"双创"建设特色小镇，制定了"保留、连接、重生"三项开发策略，切实强化配套服务保障。二是转变政策扶持导向。

在传统的租金优惠、人才公寓、招商引资、税收优惠等政策支持基础上,变政府主导为市场化运作,变无偿拨款为有偿投资,变事后奖励为事先补助。三是转变商事流程。通过政府权力的减法换取市场活力的乘法,推行营业执照、税务登记证、组织机构代码"三证联办",允许"一址多照"和"一照多址",对于申办外商投资企业和股份有限责任公司的企业实行"就地受理、网络审核、就地发照"。四是转变培育机制。大力引进各类投资机构和创业服务机构,发挥政府引导和企业主体两个作用,加快从提供低成本办公物业向"投资＋孵化＋增值服务"的深度运营服务转变。五是转变服务方式。适应互联网创业的需求,积极探索"O2O"(线上＋线下)的服务方式,在线下组建创业服务中心,在线上开发涵盖生活服务、云服务、创业中介等领域的云服务平台。

二、搭建资智对接平台,推动"三库"互通

(1)搭建资智对接平台,实现海归本土化和民企高端化。充分发挥浙江民营企业发达、民间资本充沛的特色优势,着力推动海外智力与民间资本的有机结合,确立"人才＋资本＋民企"的特色发展模式。通过多方收集人才信息,建立"人才库";积极引进天使投资、风险投资、私募基金等各类资本,专门建立创业引导基金,设立创业金融贷款风险池,吸引多元投资主体,建立"资本库";加强与人才及企业的沟通联系,多方掌握融资需求,建立"项目库"。

(2)有效引导民间资本向科技资本、产业资本转化。通过建立1亿元的创业引导基金和4亿元贷款风险池,引导民间资本与海归创新创业项目对接。目前已累计引进股权机构47家,管理资本超过85亿元,吸引省市区引导基金阶段参股2亿元,105家海归企业获得融资,融资规模超过20亿元。为海外高层次人才提供创新创业的物理空间,37万平方米海创园首期研发孵化平台投入使用,10万平方米科创中心二期即将建成,10万平方米人才公寓正加紧建设。搭建公共技术平台,启动建设创新药物早期成药性公共平台、信息化创新药物集成转化中心;积极引进知识产权、法律、财务等中介机构。

三、加强项目管理,提升国际化项目的质量

突出以项目带动海归人才发展,从宽进宽出粗放式管理向提高项目准入门槛、引进高质量项目转变,增加人才服务中心把关职能。

(1)提高项目评审门槛。严把项目评审关,在评审对象上,从纯海归人才向国内外高层次人才团队扩展;在评审专家的选择上,从以高校教授为主向以风投、省市相关部门行业专家为主转变;增加人才服务中心把关职能,在海归项目签订工作任务书前,会同财政、经发、招商等部分人员上门走访后,集体研究确定。项目申请人层次普遍较高,其中不乏浙江省"千人计划"人才,而且多数人都有丰富的科研经验或自主创业的经历。

(2)细化项目管理内容。一是实施人才创业导航计划。针对各类人才在创业初期缺乏创业经验和技能、产品技术进入市场难度较大等问题,强化政府服务功能,建立创业导师制度,为企业搭线,联系高质量的创业导师,促进人才对外交流与合作,加大扶持力度,努力提高人才创业成功率。二是为人才项目搭建成长的空间平台。加快推进"苗圃—孵化器—加速器"培育链条建设。三是组建大学服务联盟、机器人联盟、手游联盟等产业联盟,加强行业企业横向联系。

(3)提高项目服务精准度。面对入园企业数量的日益增多和企业的高速发展,从前一对多的"保姆式服务"已跟不上企业发展的需求,为此未来科技城管委会按照"市场化+国际化"思路,不断提高项目服务精准度。一是为人才企业提供人事代理、外包、户籍档案等中介服务以及社保、公积金等咨询业务。引进财务、法务等中介服务,举办税收政策及实务培训、人才科技政策解读等系列活动。二是抓好省"千人计划"人才申报精准服务。加强联络与沟通,帮助申报人员准备好材料,争取尽量多地上报人才,跟进申报进度,跟进面试结果,与申报人员多沟通,争取提高申报成功率。

四、打造高标准基础设施和公共配套设施,营造良好创新创业环境

努力打造国际化人才集聚的一流环境,是未来科技城建设开发的灵魂所在。坚持保护并开发好湿地、丘陵、湖泊等自然资源,引绿入城、引水润城,在

良好的生态本底上精心嵌入城市功能，以良好的自然生态孕育创新创业生态健康成长、生生不息。在城市基础配套建设中，积极引入国际化的现代城市元素，从整体上优化城市景观风貌、空间格局、业态功能。未来科技城注重加强城市公共产品供给力度，着力推进未来科技城 CBD 城市综合体建设，不断优化城市综合交通体系，不断加强具有国际较高水平的高质量医疗、教育供给和国际人才社区建设，使未来科技城成为创新创业群体集聚的栖息地，成为他们实现理想和抱负的梦想家园。

（1）坚持规划的引领。首先是优化深化规划，将杭州未来科技城规划面积从 10 平方公里扩大到 113 平方公里（2017 年进一步扩大为 123 平方公里），在发展思路上从建园向建城转变。坚持产城融合、灵活分区、功能复合、集约高效的原则，系统开展城市总体规划、产业功能分区规划、建筑风貌设计导则等各层次规划编制，着力将杭州未来科技城打造成融科技、生态、人居为一体的绿色科技新城。充分利用区域内生态优势，坚持嵌入式开发，注重生态空间和城市相互渗透。系统推进道路绿化、水系整治，彰显亲水、亲绿的区域特色。践行海绵城市理念，降低城市开发建设对环境的影响。

（2）环境比政策重要。加快引进高端教育、医疗、商业等各类资源，不断完善城市功能，提升城市价值，营造国际化人才集聚的一流环境。推进社会呼声高、需求迫切的民生项目，目前余杭文澜未来科技城学校、未来科技城双语幼儿园建成投用，学军中学海创园学校、国际教育园于 2018 年建成投用，杭师大附属学校已完成招标，第十三幼儿园、第二小学、第二幼儿园于 2017 年开工建设。浙大一院海创园门诊部开门营业，余杭院区进展顺利，将于 2020 年建成投用，力争打造"国际一流的现代化大型医疗中心"。文二西路、海曙路（荆长公路至绕城高速）、良睦路（文一西路至文二西路）、绿汀路（文一西路至文二西路）等建成投用，累计完成道路建设 80 条（项），总里程达到 108 公里，累计完成绿化 89.7 万平方米；地铁 5 号线、杭临城际铁路已经开通，火车西站及城西交通枢纽工程快速推进。阿里巴巴周边区块、五常北部园、核心区块北区片三个区块支路网基本建成，内部交通循环交通网进一步改善。陆续增设和加密公交线路，开通海创园—萧山机场航站楼专线巴士，新建公共自行车租赁点，文一西路两侧公交 BRT 辅道及闲林港绿道基本建成。

第四节　集聚海归人才加强国际创新合作的经验启示

一、紧盯国际前沿技术领域，进一步建设国际合作网络体系

紧盯国际前沿技术领域，坚持把吸引集聚海外高层次人才作为优先目标，建设好全省人才引领发展的"先行地和试验田"。瞄准人工智能、生物医药、新能源、新材料等前沿领域的产业链高端、前沿技术及自主知识产权三大方向，积极引进一批科技含量高、发展潜力大的国际合作产业化项目，引进一批掌握核心技术的研发机构，引进一批具有自主知识产权的人才团队，促进高新技术成果转化与产业化。同时，建立高层次急需人才的绿色通道机制，以重点培养与引进高层次综合人才，解决对高端人才的需求。

加强与国际一流科技园区的系统化合作，融入全球创新网络。加强一流国际创新人才、学科、大学、研究机构、企业、投资机构、服务机构的引进与合作，打造一流国际合作平台。积极顺应世界科技创新和产业变革趋势，打造一流国际创新创业生态环境，加快创新要素和创新体系的转移与培育，深度融入全球产业分工和产业价值链重构，与世界先进发达国家经济标准对接，提高参与全球性经济竞争的能力水平。不断拓展国际创新合作渠道，提升跨区域、跨国界配置创新资源的能力，增强在全球创新网络中的影响力。

系统打造国内外一体化对接的一流学科人才集聚高地。在融入全球创新网络基础上，加强国内一流学科人才、机构和企业的引进集聚，加强院士工作站、院士村等高水平平台打造，有重点地引进和培养带技术、带专利、带项目、带团队的领军型人才和高层次创新团队，重点建设人工智能、生物医药等若干有特色优势的学科领军人才团队。积极探索人才创新工作方式和内容，改进政策工具和工作手段，加快推进创新研究院实体化运作，全力打造支撑人才集聚、创新和服务"三位一体"的人才创新创业生态系统，实现人才工作"转型转段"和"全新跨越"发展。

二、打造城市国际化标杆,进一步提升集聚和链接水平

提高城市规划管理水平,打造城市国际化标杆。根据浙江省重点建设杭州湾经济区、加快杭州都市区与国际化城市建设的发展需要,高水平定位未来科技城的发展方向和功能,强化规划统筹引领,深入开展绿色交通网络体系、公共空间、公共设施布点、城市国际化等战略规划研究,探索各类用地空间的有效利用,着力提升城市综合承载力和国际化水平,打造城市国际化标杆。

加强前瞻战略布局,提高未来科技城城市国际化品位。以一流的国际化创新创业社区、浙江转型发展的引领区与高端人才特区、杭州现代化城市副中心和杭州城西科创大走廊发展龙头的战略定位,对标美国硅谷等城市建设,加快未来科技城统筹开发建设范围的城市规划设计与开发,进一步提升未来科技城的城市国际化品位。

加强基础配套设施建设,构建国际化城市环境和生活圈。在城市基础配套设施建设中,积极引入国际化的城市元素,从整体上优化城市景观风貌、空间格局、业态功能。加快推进杭州铁路西站、地铁、杭临城际铁路等项目建设,打通连接主城的交通瓶颈,不断优化城市综合交通体系。加快推动浙大一院余杭院区、学军中学海创园学校、国际教育园等项目建设,力推与阿里巴巴合作共建的国际人才社区建设,加强具有国际较高水平的高质量医疗、教育供给和社区建设。进一步加大公共服务投入,满足国际高端人才落户、定居、教育、医疗、休闲、运动等需求。

三、系统提升公共服务能力,完善创新集聚和产业发展机制

完善人才服务的全程政策链。根据国际高端要素供给与需求无缝对接的需要,及时与科技城的企业机构交流沟通,梳理科技城发展中的体制与能力瓶颈,进一步完善人才服务的全程政策链和服务链。做好人才服务配套工作,构建引育、发展、评价、服务、兑现为一体的政策链,为创新发展提供一流的政策环境。

完善综合产业政策体系。在海归创业政策、科技型中小微企业政策、楼宇总部政策、金融产业政策的基础上,进一步研究创业政策和产业政策,加强科

技创新、孵化培育、产业集聚、金融支持、知识产权保护、国际交流合作等综合产业政策,打造未来科技城涵盖初创期、成长期、成熟期的完备的产业体系。

打造一流的公共服务平台。进一步加强未来科技城公共服务能力,按照"最多跑一次"制度建设要求,系统提升政策支持与落实能力,做好与管委会内设部门、区级部门的对接,最大限度地提升每一道流程的工作效率,打造一流的公共服务平台,促进未来科技城打造国际高端要素集聚的重要试验田,成为集创新人才培养、共性技术和关键技术研发、创新成果孵化转化、技术交流于一体的重要基地。

第五章 大企业驱动科技新城创新发展

在区域发展由企业竞争转向商业生态竞争,由产业竞争转向产业链竞争的大背景下,大企业在区域创新中的引领作用越来越为显著。

大企业的进入,能够带动人才、资金、技术、创意等高端要素的快速集聚,形成创新资源高地,同时也会吸引相关上下游企业的入驻,推动产业链在区域内的快速衍生。特别是,在大众创业、万众创新的浪潮下,大企业作为孵化器的特征越来越明显,离职的员工源源不断地成为创新创业者,同时出于生态建构的需要,大企业也在将原有的不少业务进行分离,寻求与中小企业的合作。

正如硅谷等创新高地的发展经验所揭示的,大企业、中小企业、初创企业在一个区域内通过物质流、信息流、技术流而形成竞合共存、活跃的创新网络,大企业作为引擎是创新网络的核心,通过不断研发向市场推出新产品、新技术,同时也不断培养创新人才。在这个过程中,大企业能够有更多的渠道推动政府开展长期规划,加强在基础设施以及各类服务保障上的投入,特别是土地、教育、医疗等关键环节能形成更好的统筹。

回顾未来科技城的发展,依托大企业、激发中小企业,优化整体生态的思路十分明显。自 2013 年阿里巴巴入驻以来,未来科技城一方面抓企业服务,通过夯实基础设施、配套服务破除各类发展障碍;另一方面积极研判产业红利,通过搭建创新载体,激励中小企业积极承接阿里巴巴的溢出效应。秉承紧密融合、互惠互利的发展理念,一个以大企业为引擎、大中小企业相互协作的商业生态正日趋活跃。经过多年实践,不仅阿里巴巴在未来科技城的滋养之下蓬勃发展,而且未来科技城在阿里巴巴的驱动之下也快速崛起,成为全省创新创业高地。

第一节 大企业驱动科技新城创新发展的理论机制

创新最早由熊彼特提出,认为经济发展的内在动力在于创新(熊彼特,1990)。随着创新对经济的贡献日益增长,创新研究也从企业层面的技术创新拓展到区域空间层面的城市创新(程叶青,王哲野,马靖,2014)。企业是推动经济社会发展的主力,亦是创新的需求者、投资者和主导者(解鑫,刘芳芳,冯锋,2015)。经典理论研究表明,企业驱动科技新城发展的路径在于"企业—企业群—创新要素集聚—本地生产网络—创新网络"(陈立书,2015)。以企业为创新主体,同类产业或者关联产业中的企业在地理空间上进行有效集聚,从而汇集创新要素等资源(徐珊,刘笃池,梁彤缨,2016)。一方面,创新资源集聚将吸引更多本地企业进驻,为本地产业发展注入新的活力(陈琦,2017)。另一方面,创新资源集聚将促使政府能够出台更为有利的招商引资政策,不断完善基础配套设施,来打造优渥的创新环境,构建好本地企业网络(盛朝迅,2017)。

相较于传统企业,大企业更加能够发挥企业本身的虹吸效应,吸引创新要素集聚,构建区域企业网络(王永进,盛丹,李坤望,2017)。科技新城也将转变政府职能,完善公共服务体系,扶持大企业及企业群快速发展,加快产城人深度融合,实现城市创新发展。所以,大企业驱动科技新城创新发展的路径可以表示为"大企业—创新要素集聚—本地企业网络—产城深度融合"。具体而言,大企业将从产业演进、要素集聚、政策配套及生态完善来推动科技新城创新发展(如图 5.1)。

一、探索产业发展的新模式

大企业通过做强做大产业,延长产业生命周期,有效撬动科技新城产业结构转型升级,促进空间产业布局迈向高级化、现代化。一方面,科技新城所引进的大企业往往是新兴产业,而非传统制造业,譬如美国硅谷拥有苹果、英特尔等大企业,直接推动了科技新城产业结构的转型升级。另一方面,大企业为了适应现代化经济体系建设,会加大研发创新投入来提高企业自身的技术水平。由于技术具有很强的外部性,促使科技新城空间内的企业能够共享技术

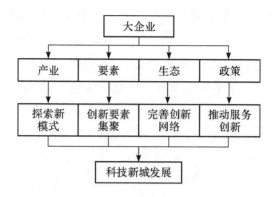

图 5.1　大企业驱动科技新城发展机制

外溢效应,以此带动了整个板块的技术进步,从而推动产业升级。与此同时,大企业会吸引高端要素的集聚,而这些要素并不会流入传统制造业部门,而是转向新兴产业部门,尤其是人才要素的流入,极大地推动了产业高级化进程。

二、高端创新要素的空间集聚

科技新城崛起的基础在于高端创新要素的空间集聚。企业是研发创新的主体力量,能够有效推动科技新城创新发展向纵深推进。大企业能够吸引创新要素快速集聚,呈现空间聚拢态势,为科技新城增添强劲的动力,快速助推科技新城创新发展提速增效(李云龙,2017)。一方面,大企业尤其是创新型大企业或新兴产业大企业进驻,能够直接提升区域内部的产业结构高级化水平,从而带动科技新城创新发展水平的提高。另一方面,大企业进驻能够快速带动人才、资金等高端要素的集聚,同时,也会吸引与大企业相关的上下游中小企业入驻,助推整个板块的创新发展。本质上而言,大企业进驻为科技新城创新发展的创新生态提供了前期基础,对科技新城的创新发展将产生积极效果。

三、完善创新创业生态网络

区域创新发展的竞争已由企业之间的竞争转向商业生态之间的竞争,良好的商业生态能够吸引更多企业进驻,从而推动区域创新发展的快速前进(赵黎明,李振华,2004)。大企业进驻对于区域商业生态最终的影响在于加速完善创新生态,从而打造更好的商业生态环境。不论是高端要素资源引进,还是配套措施、基础设施的完善,最终的影响都是完善了创新生态和商业生态,从而推动科技新城创新发展。虽然商业生态也可以由中小企业来推动和完善,但中小企业演进成大企业需要漫长的过程,而直接吸引大企业落户则能够更好地将这一过程缩短,并且利用好大企业的集聚效应,吸引要素资金流入,起到事半功倍的效果。譬如美国硅谷,通过惠普等大企业的成长,来带动商业生态完善,推动区域创新发展。

四、推动政府公共服务创新

科技新城发展离不开政策配套等政府支持,大企业进驻能够有力推动空间创新环境的改善,同时也会与政府之间形成积极的良性互动关系(王春杨,张超,2014)。大企业进驻能够带动高端要素和资源集聚于某个区域,促进区域创新发展,符合政府长期规划。然而,大企业所吸引的人才、资金等要素需要政府强有力的配套措施,倒逼政府完善基础设施建设来留住人才等要素。基于这种考虑,政府往往会从三方面来完善公共服务,满足大企业吸引要素集聚的需求。一是完善政策配套和服务配套,出台真正适合企业发展的配套政策措施,同时提高服务效率和质量,解决企业办事问题。二是加强土地配套,使得大企业落户真正能有自己的产业园区。三是完善医疗、教育、商业等资源配套,为大企业吸引的人才提供必要的基础配套设施。大企业与政府之间的紧密融合、互惠互利,对于科技新城发展具有重要的促进作用,能够加快科技新城建设的速度。

第二节　阿里巴巴在未来科技城中发展成效显著

未来科技城时代的阿里巴巴发展迅速。2013 年 8 月,阿里巴巴西溪园区正式投入使用,1.2 万名员工正式进驻未来科技城,正式开启"西溪时代"。依托未来科技城的政策扶持、商业环境等优势,阿里巴巴进入了发展的"快车道",2014 年阿里巴巴集团于纽约证券交易所上市,创造了美国历史上最大融资规模的 IPO;2016 年提出构建全球电子商务平台 eWTP,随后被写入 G20 公报;2017 年阿里巴巴提出以新零售、新制造、新金融、新技术和新能源为代表的

"五新"营销理念;2020年5月阿里巴巴市值居全球第7位。与此同时,阿里巴巴积极参与之江实验室建设,成立阿里巴巴"达摩院"等,提升阿里的高端科技创新体系,为创新发展提供有力支撑。

一、以电商业务为核心,集团财务业绩节节攀升

2012—2017年,阿里巴巴营业收入直线攀升,从2012年的269.58亿元上升到2017年的3027.25亿元,增加了10.23倍;技工贸收入也从2012年的343.14亿元增长到2017年的3609.53亿元,增加了9.52倍(见图5.2、图5.3)。不论是营业收入还是技工贸收入都呈现倍增式的上升,说明阿里巴巴进驻未来科技城后取得了"几何式"增长的业绩。虽然营业收入和技工贸收入的增长速度有所放缓,但两者的增长幅度皆稳定在50%左右,属于快速增长。2017年阿里巴巴营业收入占未来科技城技工贸收入的83.87%,纳税额所占比重也提高到80.72%,阿里巴巴的发展对于未来科技城的发展具有重要推动作用。

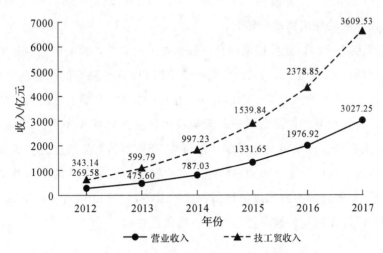

图5.2　2012—2017年阿里巴巴营业收入和技工贸收入

2016年3月—2017年3月,阿里巴巴集团全年收入总计达1582.73亿元,同比增长56%,这一增幅仍高于集团上调后的全年收入增长指引53%。中国零售平台全年商品交易额(GMV)增长22%至37670亿元,其中天猫GMV同比增长29%至15650亿元。阿里巴巴已成功转入到由PC端向移动

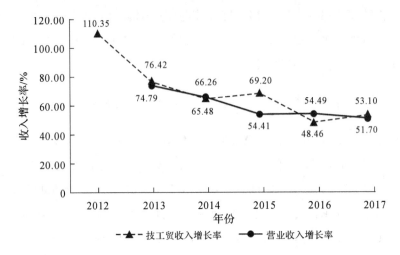

图 5.3 2012—2017 年阿里巴巴营业收入和技工贸收入增长率

端转型过程中,呈现用户增长、使用延伸的趋势。其中,中国零售平台 GMV 中的 79％来自移动端;移动端收入同比增长 80％至 907.31 亿元,占中国零售平台收入的 80％。全年移动端变现率达到 3.04％,超越非移动端变现率,反映集团已经成功完成移动化转型。

2017 年 1—3 月,业务也呈现全面快速增长的态势。核心电商业务的季度收入同比增长 47％至 315.7 亿元,经调整 EBITDA(息税折旧摊销前利润)利润率稳定于 59％。手机淘宝高度相关及互动的内容,带动了活跃用户特别是移动用户及用户互动的强劲增长。天猫成为建立品牌的领先平台,截至 2017 年 3 月,福布斯全球最具价值品牌 100 强中 75％的消费品牌已进驻天猫。天猫同时也为品牌的新品上市、品牌建立、客户获取等带来宝贵的中国消费者洞察。此外,集团持续为商家提供增值科技及服务,截至 2017 年 3 月,人工智能技术每日已可实时处理数以百万次计的消费者查询。

二、以网购平台为基石,向五大商业基础设施演进

成立伊始,阿里巴巴创始人就深信互联网能够创造公平的竞争环境,让小企业通过创新与科技扩展业务,并在参与国内或全球市场竞争时处于更有利的位置。自推出让中国的小型出口商、制造商及创业者接触全球买家的首个网站以来,阿里巴巴集团不断成长,成为网上及移动商务的全球领导者。在此

基础上,经过近 20 年的发展,阿里巴巴致力于打造电商平台、物流平台、金融平台、大数据平台、云服务平台等五大商业基础设施平台,为中国经济提供更加公平有序的竞争环境。

阿里巴巴通过互联网的力量,重新配置商业资源,降低上下游企业、消费者之间的信息不对称,降低商业交易成本,已经成为全球最大的移动经济体,构造了中国经济发展的"新引擎"。2014 年 9 月 19 日,阿里巴巴在纽约证券交易所正式挂牌上市,创造了美国历史上最大融资规模的 IPO;2015 年 4 月至 2016 年 3 月,阿里巴巴集团中国零售交易市场的交易总额(GMV)突破 3 万亿元,达到 3.092 万亿元人民币,其规模不亚于欧美主要发达国家全年的 GDP,全球最大的移动经济实体实至名归。截至 2017 年 3 月末,移动月度活跃用户达 5.07 亿元,凭借着平台上智能数据驱动社交、社群和个性化服务,逐步实现"生活在阿里巴巴"愿景,且阿里巴巴电商生态为全社会创造 3000 万个就业机会。

自 2009 年阿里巴巴推出"双 11 全球狂欢节",每年"双 11"的交易额节节攀升,并成功带动了"线上+线下"的互动模式。2016 年天猫"双 11 全球狂欢节"全天交易额突破千亿元,达到 1207 亿元,其中无线成交占比为 82%,覆盖 235 个国家和地区,一举创下全球零售史上的奇迹。公司将聚焦提升用户体验、繁荣生态、赋能商家、升级消费,继续向"做一家 102 年的伟大公司"目标迈进。2017 年 2 月 20 日,阿里巴巴集团在上海召开"2017 阿里巴巴新零售战略发布会",以新零售、新制造、新金融、新技术和新能源为代表的"五新"营销理念,让零售行业爆发更多新的变革和商机。阿里巴巴集团及其关联公司不断走在时代前列,创新商业模式,形成了业界领先的批发平台和零售平台,以及云计算、数字媒体和娱乐等创新项目和其他业务,打造集团的多元化业务模式。

三、以三大战略为支撑,提升企业多元化发展水平

阿里巴巴近期发展目标是在全球建立一个可以服务 20 亿消费者和数千万企业的商业生态平台,并成为世界首家平台销售超过 1 万亿美元的公司。为此,阿里巴巴将实施三大战略。

（一）全球化战略

阿里巴巴的全球化战略包括三大板块：全球出口、全球进口以及可自由连接的全球基础商业设施。全球出口即实现跨境贸易，把中国商家与全球买家连接起来。全球进口即拓展进口业务，使全球大中小各规模类型的企业都能够通过阿里巴巴平台进入中国。阿里巴巴一直与海外品牌和各国政府、商业组织保持密切合作，致力于重塑全新的全球商业生态，让全球20亿消费者和一千万中小卖家实现自由连接。

（二）农村化战略

阿里巴巴农村化战略旨在通过农村淘宝项目，让农村居民享受到更加多元化的优质产品和服务，同时帮助农民直接向城市消费者销售农产品，增加收入。2016年，超过800个国家级贫困县的商家在阿里巴巴集团的中国零售市场上，完成了超过200亿元的销售。农村化战略主要包括：加大投资基础设施，通过乡村服务站、县级运营中心、乡村物流来打造电商网络；激活农村电子商务生态，拓展物流、仓储、代运营服务群体；创新农村综合服务，包括村民代购服务、农产品线上销售支撑体系、农资电商O2O及农村金融等；创造农村社会和经济双重价值，解决"买难"来缩小城乡差距，缓解"卖难"来提升农民收入。

（三）数据化战略

在互联网从IT时代向DT时代演进过程中，数据驱动业务对于阿里巴巴的发展至关重要，主要包括业务数据化、数据业务化。业务数据化主要围绕电商业务，提高电商运营的效率、优化消费者体验等都是围绕业务数据化展开的。数据业务化，指通过越来越多的外部数据加上自身的数据能力进行对外输出，首先输出到生态，包括商家及合作伙伴；其次输出到社会，服务不同的行业，如金融、交通、教育等。微博、高德、UC浏览器、搜索、视频等数据也逐渐进入到阿里生态中，阿里巴巴将打造一个立体的数据平台和生态。

专栏 5.1

天猫出海稳步推进

2017 年 6 月 12 日,阿里巴巴集团正式发布"天猫出海"项目,赋能商家进入海外新蓝海市场。该模式以天猫为主引擎,利用阿里巴巴核心电商板块总计约 20 亿的商品库,依托过去十余年打造的新经济基础商业设施,包括交易、支付、物流、营销、数据、技术等,目标是将天猫生态模式逐步成功复制并推行至东南亚、印度乃至全球市场,提高当地电商效率、服务海外消费者。"天猫出海"的正式推出,标志着阿里巴巴全球化战略进入大规模、实质性推进新阶段。

目前"天猫出海"通过手机淘宝服务全球近 1 亿海外华人市场,同时通过以菜鸟为核心的 9 个国家和地区提供官方转运服务,并在中国香港、中国台湾等地区提供本地支付服务。此外,项目通过联动东南亚第一大电商平台 Lazada,开设"淘宝精选"(Taobao Collection)频道,目标涵盖东南亚 5.5 亿消费者。"天猫出海"为商家和品牌带来"一店卖全球"的机会,符合出口品质和授权要求的商家即可通过现有渠道由内地迈向海外销售,无须增设海外运营团队或考虑跨境物流、支付、商品翻译等问题。未来,"天猫出海"覆盖的国家和地区将不断扩展,服务也将不断优化升级,并将推出各项面向海外使用的商家工具,赋予商家更多营运海外用户和市场的能力。

四、以多方合作为纽带,加强阿里平台知识产权保护

阿里巴巴探索基于信用的治理实践,不断加强主动防控及线下打击力度,推动政企治理数据共享,鼓励权利人共建平台,倡导成立大数据打假联盟,推进治理透明化、社会化。此外,阿里平台治理开始尝试对制售假、虚假交易等行为发起民事诉讼,促进法治环境改善。

阿里巴巴以信用为基础,探索差异化治理。以信用大数据为基础,在卖家端、消费者端采取不同治理策略,提升资源利用率,提高治理效率。规则发布后,阿里平台治理通过大数据,对新增及现有淘宝账号进行扫描。一旦新增淘

宝账号被大数据识别为售假者"马甲",将被系统拒绝开店。加强主动防控力度,持续净化平台商业环境。搭建一套先进的主动防控系统,并从技术、数据等维度对其不断完善。坚持线下打击,扩大执法合作范围。为更好地开展知识产权保护、虚假交易治理工作,平台治理部"打假特战队"积极与各地公安、工商、质检等执法机关联动,扩大线下打击合作范围,建立常态化合作机制,从源头上解决问题。

专栏 5.2

"打假特战队"协助打击假货批发商

2016 年 3 月,阿里"打假特战队"与安利品牌权利人,共同协助警方捣毁了浙江温州、台州两地的制售假团伙。同年 4 月,"打假特战队"协助警方前往黑龙江追踪排查假货源头,抓获了位于哈尔滨的假货批发商。随后,"打假特战队"协助警方前往河南、广东两地,分别捣毁了位于平顶山、汕头的假货工厂。在河南,办案人员根据犯罪嫌疑人交代,锁定了位于广东广州的原料及包装工厂。在针对广州原料及包装工厂的收网行动中,警方发现了哈尔滨的另一家售假团伙,并对其做了定向打击。至此,这起历时近 4 个月,横跨浙江、黑龙江、河南、广东四省的假冒案件告破,整个制售假链条被摧毁。整起案件由线上售假为切入点,公安干警、平台治理部、品牌权利人通力合作,各方掌握的线上、线下信息不断校对串并,挖掘出了完整的制售假链条。据事后统计,线上假货销售额 60 万元,线下假货销售额 1160 万元。

推动数据共享,加强政企联动,平台治理应在政企数据共享方面深化探索与尝试,稳步推进主体信息共享工作。为提高治理效率,改善治理效果,平台治理需要加强联合工商等政府监管部门,优势互补,共同构建"红盾云桥"协作平台。通过该平台,平台治理能够实现与监管部门之间的企业主体信息互通,有利于平台企业店铺信息校验,确保其真实性与合规性。充分发挥各方力量,加大跨境打假力度。与之前的境内生产境外销售不同的是,境外生产、境内销售已经成为跨境假货新趋势。然而,跨国打假线索往往由于各个国家法律法规及对接问题推送无门,无法根治源头已成跨境打假死穴。假货问题不止中国独有,而是全社会面临的难题。充分发挥各方力量协同打假才是根治假货问题的有效途径。

五、以内培外引为抓手,世界级人才涌向阿里巴巴

G20 之后,杭州在世界的知名度不断提升,不断向我国一线城市迈进,也吸引着海内外人才进军。猎聘发布的一份大数据报告显示,2017 年上半年全国主要城市人才净流入率排名中,杭州以 11.21% 名列第一,而这些人才主要流入了阿里巴巴等互联网巨头企业。阿里巴巴持续通过内培外引的举措来保持核心人才体系的竞争力。近年来,仅阿里云就已经吸引多位世界顶级科学家加盟。譬如曾担任 Google 资深数据科学家的文镇任阿里云云计算安全事业部高级数据安全专家;阿里云首席科学家周靖人曾担任微软合伙人,加盟阿里巴巴后总体负责阿里云大数据平台和人工智能研究机构 iDST 的科研工作;此外,阿里云还引进了 IEEE 院士、视觉识别与搜索领域国际级权威学者华先胜进行 AI 技术研发,曾在 IBM Watson 研究院及 Google 担任研究员的闵万里博士则负责"阿里云人工智能小镇 AI"工作。

在蚂蚁金服内部有个内部群"大圣归来",里面吸纳了众多天团级的世界顶级科学家。包括蚂蚁金服首席数据科学家漆远,蚂蚁金服副总裁芮雄文、罗霄,原谷歌主任工程师俞本权,原 FICO 高级科学家赵星及华人科学家任小枫。这些科学家的引进正是为了探索阿里巴巴快速成长背后的逻辑及规律。阿里和蚂蚁拥有全球维度最丰富、独一无二的电商场景和金融生活场景,吸引着世界技术人员的回归。而这些科技人员的回归,也为阿里带来了巨大效益。譬如蚂蚁金服的智能客服自助率已达 96%,解决率超过了人工服务;智能理财机器人向金融机构开放一个月后,日均交易额增长了 243%。不仅如此,阿里巴巴还积极建设湖畔大学,推动之江实验室落户余杭,建成"达摩院"等平台,实现内培与外引相结合。

专栏 5.3

阿里"达摩院"将为科技带来想象

2017 年 10 月 11 日上午,杭州·云栖大会上阿里巴巴集团正式宣布成立承载"NASA 计划"的实体组织——"达摩院",进行基础科学和颠覆式技术创新研究。未来 3 年内,阿里巴巴在技术研发上的投入将超过1000 亿元人民币。同步揭晓的"达摩院"学术咨询委员会阵容空前强大,首批公布的十人中有三位中国两院院士、五位美国科学院院士,其中包括人工智能领域世界级泰斗 Michael I. Jordan、"人类基因组计划"领军人物 George M. Church。作为最高学术咨询机构,学术委员会对研究方向、重点发展领域、重大任务和目标等学术问题提供咨询建议。

"达摩院"首批公布的研究领域包括量子计算、机器学习、基础算法、网络安全、视觉计算、自然语言处理、人机自然交互、芯片技术、传感器技术、嵌入式系统等,涵盖机器智能、智联网、金融科技等多个产业领域。作为最高学术咨询机构,学术委员会具有的前沿学术思维与阿里巴巴的人才、技术、数据、平台有机结合,将为科技进步和人类未来生活带来极大的想象力。

第三节　阿里巴巴驱动未来科技城创新转型

从发展现状来看,阿里巴巴已经成为未来科技城中的"锚+"企业,在未来科技城的产业发展、经济转型中发挥着显著的"灯塔效应",带动未来科技城提升创新环境和商业生态,驱动未来科技城创新发展。一方面,阿里巴巴的持续发展集聚了尖端人才,吸引了资本进驻,打造了新兴产业,培育了创新氛围,提升了国际视野,为未来科技城注入了发展的新活力,提供了未来科技城创新发展的先决条件。另一方面,阿里巴巴发挥着外溢与扩散作用,衍生了大批阿里系企业,形成了未来科技城创新企业群落,进一步培育了未来科技城发展的新增长点。同时,未来科技城也不断完善配套措施,为大企业发展及中小企业成长提供了良好的生态环境。

一、产业聚变效应

阿里巴巴的进入不仅带动了未来科技城信息经济的快速发展,而且伴随着阿里巴巴新业务的不断扩大,为未来科技城的产业深化发展提供了巨大空间。2017 年 6 月菜鸟智慧产业园落户未来科技城,菜鸟网络是阿里巴巴对传统电商业务的重要服务配套,据统计菜鸟网络日均处理包裹量已经达到 5700 万个,依托菜鸟智慧产业园,未来科技城将形成电商产业发展更为完整的生态。

此外,阿里巴巴在云计算上的有力拓展也为未来科技城新业态发展提供了重大机遇。阿里巴巴于 2009 年推出云服务,据 IDC 统计,按收入计算,阿里云是 2016 年中国最大的公共云服务提供商。自 2016 财年第一季度以来,阿里云连续 8 个季度保持着超过 100% 的高速增长,2017 财年第四季度单季度营收为 21.63 亿元。为有效承接阿里巴巴云计算业务发展,未来科技城于 2017 年 6 月启动建设人工智能小镇,旨在打造成为全国领先的人工智能产业高地。此外阿里巴巴在数字媒体娱乐业务以及其他创新类产业的发展也有力带动了未来科技城文创产业、设计产业的发展,如阿里健康、阿里影业、UC 等。

在阿里巴巴的带动下,未来科技城有效规避了制造业为主导的传统产业集聚路径,实现了新经济、新业态、新模式的有效集聚、有效孵化。阿里巴巴充分发挥其世界知名企业高端资源、全球化视野的优势,谋划和打造"新零售、新制造、新金融、新技术、新能源"创新中心,将在浙江理工大学科艺学院地块上建设标志性建筑。阿里巴巴对互联网技术的投入研发,带动了互联网领域的快速发展。

至 2019 年 10 月,中国人工智能专利申请量累计 44 万余件,超过美国位居世界第一。2010—2014,中国在 AI 方面的专利申请达到 8410 项,相较于 2005—2009 年这五年增长了 186%。在此过程中阿里巴巴一直致力于人工智能领域研究,促使未来科技城 AI 产业蓬勃发展,人工智能小镇成功落户未来科技城。阿里巴巴将与余杭区未来科技城共同开展"南湖创新小镇"整体规划、产业布局、城市配套等相关工作,并且共同开发"南湖创新小镇";同时,提供 IoT 智能城市开放平台,余杭区将协调区内各行业主管部门,推动各垂直 ISV 供应商在遵从统一协议、数据标准和数据格式等在内的统一开发框架基础上进行落地,保障阿里巴巴 IoT 智能城市开放平台的建立。2020 年,阿里巴巴推出健康码,对抗疫和复工复产做出突出贡献,成为"城市大脑"建设的新范例。

二、人才集聚效应

阿里巴巴在未来科技城的蓬勃发展,吸引了尖端人才的快速回流,促进了未来科技城积累大量人才,为未来科技城创新发展提供了人才保障。至 2017 年初,阿里巴巴集团在杭员工共有约 2.7 万人,其中入驻阿里巴巴西溪园区 1.3 万余人、菜鸟网络乐佳国际大厦 3000 余人,共约 1.6 万名员工在余杭区办公。同时,阿里巴巴吸引大量世界一流科技、金融、管理人才加入企业,美国科学院院士、IBM、Google、微软等国际知名机构科学家既为阿里巴巴快速成长提供了有力人才支撑,也带动了未来科技城的人才集聚。

近年来未来科技城引进海外高层次人才 3120 名,其中"省千"193 名,相较于 2012 年的 246 人,2018 年为 412 人,增长近 1 倍,保持年均 20% 的高速增长幅度。在引进人才中,省级"千人计划"人才的数量基本保持在 10% 左右的水平。在人才引进的产业分布上,最多的行业为互联网、电子信息、物联网等产业,占据了引进人才数量的 41.05%,与阿里巴巴的入驻有着较大关联。更为重要的是,阿里巴巴员工以及之后引进的各类人才都有着较强的消费能力,也倒逼着未来科技城不断完善配套服务、商业设施,保持未来科技城对人才的吸引力。

阿里巴巴"双 11"单日交易额远超美国感恩节、"黑色星期五"和网络星期一的线上交易总和,同时也显示了我国互联网产业发展的巨大前途和潜力,这种趋势吸引着国外人才回归,来探索中国发展背后的逻辑。2014 年至今,杭州已经累计引进海外人才 2.9 万人,外籍人才 1.5 万人,其中"省千"395 名,其中 94.1% 的人才分布于信息软件、生物医药、新能源、金融服务等高端技术产业,与阿里巴巴密切相关。

阿里巴巴的快速成长推动着未来科技城高端人才的集聚,使得未来科技城的人才结构向高级化演进。一方面,阿里巴巴利用自身资源,为未来科技城提供高端城市配套服务;另一方面,未来科技城积极配合阿里巴巴,做好人才引进保障工作。譬如阿里巴巴建设湖畔大学,未来科技城积极做好工程建设支撑工作;鼓励支持阿里巴巴积极参与之江实验室建设,有效提升人才集聚能力和高端发展。

专栏5.4

之江实验室落户中国(杭州)人工智能小镇

2017年9月6日,之江实验室在未来科技城的中国(杭州)人工智能小镇正式揭牌。浙江省委书记车俊、浙江省省长袁家军等省市区相关领导参加揭牌仪式。之江实验室是开放协同、混合所有制的新型科研机构,按"一体、双核、多点"的架构组建,即以浙江省政府、浙江大学、阿里巴巴集团共同出资成立的之江实验室为一体,以浙江大学、阿里巴巴集团为双核,以国内外高校院所、央企民企优质创新资源为多点的组织架构。

之江实验室成立后,将以国家目标和战略需求为导向,打造一批世界一流的基础学科群,整合一批重大科学基础设施,汇聚一批全球顶尖的研发团队,取得一批具有影响力的重大共性技术成果,支撑引领具有国际竞争力的创新型产业集群发展,积极争取建设成为网络信息国家实验室。

三、企业裂变效应

得益于阿里巴巴良好的创新创业氛围,相当数量的阿里巴巴员工会选择自主创新创业,由此形成了"阿里系"企业,而这部分企业对未来科技城的商业生态完善起到了"生力军"的作用。当前未来科技城还是以专业园区和集群企业培育为主,企业数量增长是重要指标,而其中很大一部分来源于阿里系企业的诞生与成长,阿里集团及关联方在未来科技城的企业数目不断增加,形成企业"裂变"效应。截至2016年底,已有29家阿里关联企业进驻未来科技城,包括浙江天猫技术有限公司、浙江菜鸟供应链管理有限公司、浙江天猫供应链管理有限公司、阿里巴巴(杭州)文化创意有限公司等,这些企业主要为阿里巴巴电商平台企业,对于未来科技城信息经济形成具有重要影响。

阿里巴巴的快速发展培育了未来科技城良好的创新创业氛围,吸引着"两创"企业集聚未来科技城,而其中最具典型代表的是梦想小镇——昔日的粮仓、现在的创业天堂。仓前古街的"江南粮仓",昔日用于储存"无虫、无霉、无鼠、无雀"的粮食,如今改建成为承载梦想、孕育创业"种子"的梦想小镇的孵化平台,变成了"无经验、无资金、无技术、无场地"创客的乐园,成为浙江省首批特色小镇之一。2015 年 3 月开园至今,梦想小镇已累计引进上海苏河汇、北京36 氪、深圳紫金港创客等知名孵化器及两家美国硅谷平台落户;集聚创业项目1645 个、创业人才 14900 名,并形成了一支由"阿里系、浙大系、海归系、浙商系"组成的创业"新四军"队伍。小镇目前已有 166 个项目获得百万元以上融资,融资总额达 110.25 亿元人民币;集聚金融机构 1390 家,管理资本 2950 亿元人民币,形成了比较完备的金融业态。

专栏 5.5

用大数据做美妆的尚妆网

尚妆网由四个"阿里郎"在 2013 年创立,坐落于未来科技城海创园,系典型的阿里系企业。以一流的互联网技术为基础,搭建一套平台,从整个产品体系到技术架构到服务器架构,做个性化、差异化美妆产品。其成功的秘诀在于先试后买、软硬结合、成分筛选。

尚妆网是第一家"先试后买"的美妆类平台,消费者可以先申请产品的试用,满意后再购买,这个模式 2013 年就已经成形了;"软硬结合"的智慧电商是软件与智能硬件的结合,芯片、传感器和大数据算法可以代替大脑做出选品思考,带来了购买路径的简化;通过成分类比向用户推送不同价格区间的成分相似、评价相似的产品,将与大牌化妆品成分和评价类似的二三线品牌甚至国产品牌筛选出来推送,更好地服务价格敏感用户。

四、全球扩散效应

全球化战略是阿里未来发展的核心内容,自在纽约交易所上市以来,阿里巴巴的国际化不断提速增效,全球化战略是阿里未来发展的核心内容,而阿里巴巴的全球化战略也带动了未来科技城全球化水平提升。譬如 2017 年 10

月,欧洲顶尖商学院 ESCP 考察梦想小镇,寻求合作机遇,有效提高了未来科技城的国际知名度。就阿里国际化而言,主要包括了电商全球化、网络全球化、金融全球化及阿里云全球化等。其中电商全球化旨在实现产品走出去和引进来的全网通,阿里巴巴对于电商全球化战略的定位在于打造可服务 20 亿消费者和数千万企业"全球买,全球卖"的商业生态平台。网络全球化方面,菜鸟借助大数据改造物流服务,现阶段,菜鸟网络已经与美国邮政、巴西邮政、澳洲邮政、西班牙邮政、哈萨克斯坦邮政等合作,尝试在出口层面与各国邮政实现信息直连。金融全球化方面,通过移动支付撬动海内外联动。阿里巴巴的全球化战略有力提升了未来科技城的全球化水平,推动了海外人才不断回流以及海外项目不断落户。

> **专栏 5.6**
>
> ## 阿里巴巴增持东南亚电商平台 Lazada
>
> 为持续推进全球化战略,2017 年 6 月 28 日阿里巴巴集团宣布,将斥资约 10 亿美元增持东南亚领先电商平台 Lazada,持股比例将由 51％提升至 83％。此次交易表明阿里巴巴既看好 Lazada 持续耕耘东南亚市场的能力,也看好新兴市场持续高增长的潜力,阿里巴巴全球化战略正在强力推进。
>
> 阿里巴巴将向特定 Lazada 股东收购其股份,此次交易对 Lazada 隐含估值为 31.5 亿美元,相较于 2016 年 4 月阿里首次收购其股份的估值有了大幅增长。此次交易后,阿里巴巴对 Lazada 投资总额将超 20 亿美元,同时 Lazada 仍将继续沿用自有品牌服务东南亚地区消费者。
>
> 作为当地最大的电商平台,Lazada 在产品、服务、消费体验上均表现出引领整个东南亚地区的能力。相对而言,东南亚电商市场仍待开发,未来阿里巴巴将继续通过 Lazada 加大对东南亚的投入,以把握新的增长机遇。

阿里巴巴作为大企业代表,通过自身全球化战略也带动了未来科技城的全球化进程。一方面,通过吸引国际人才提升了人才国际化的水平,而这些人才将为未来科技城带来国际视野、国际项目及先进技术。另一方面,阿里巴巴通过举办高层次的论坛、峰会等活动,提升了未来科技城的国际知名度,而未来科技城对此大力支持。双方依托被共同列为全国双创示范基地的契机,在有国际影响力的高层次行业论坛、峰会等活动中加强合作。在活动场地等条件具备的情况下,阿里积极将专业性高峰论坛等活动安排在未来科技城举办,而未来科技城为阿里提供了相应场地、会务等综合服务支撑。

第四节　大企业驱动科技新城创新发展的经验启示

阿里巴巴是未来科技城的"锚＋"企业,引领着未来科技城发展,阿里巴巴的持续发展不仅对于企业自身具有重要意义,也深刻影响着未来科技城。对于未来科技城而言,应当充分利用好阿里巴巴这样的大型企业,以此来驱动创新发展。同时,加速吸引生物医药、金融产业、装备制造业等大型企业、龙头企业进驻未来科技城,强化未来科技城的多核发展。

一、集聚大型企业,发挥"锚＋"企业的撬动功能

大型企业对于未来科技城板块整体发展具有引领作用、撬动作用,大企业的进入能够带来大项目、大平台,推进未来科技城的发展。阿里巴巴的快速成长有效带动了未来科技城的发展及基础设施的完善,而且阿里巴巴也贡献了未来科技城的极大部分税收,起到了中流砥柱的作用,有利于驱动未来科技城的创新发展。所以,未来科技城应当加大力度引进大型企业、龙头企业,来提升未来科技城发展的综合实力。抢滩大型企业引进高地,发挥大型企业的集聚效应和扩散效应,助推未来科技城的发展。

与此同时,未来科技城着力打造信息产业、生物医药产业、金融产业和先进装备制造业,当前只有信息产业具有阿里巴巴这样级别的"锚＋"企业。所以,需要加大力度来引进其他产业的领导型企业,通过产业集聚的外溢机制带动其他企业的做强做大,形成规模效应。在此过程中,需要"外引"与"内培"同步进行。一方面,引进大型企业进驻未来科技城,借助外力提升未来科技城发展能级;另一方面,加大政策扶持力度来培育未来科技城的大型企业、龙头企

业、领导企业，以此推动未来科技城的升级。

二、优化空间布局，为高科技企业提供足够空间

不论是大型企业进驻，还是大项目落户以及大平台打造，都需要充分的要素资源保障，尤为重要的是土地要素的供给。随着未来科技城的不断发展，越来越多的企业进驻，未来科技城的饱和程度不断上升，尤其是集中在海创园、阿里巴巴西溪园区、梦想小镇、天使村、希垦科技园等地。所以，需要对空间布局进行有效规划，预留足够多的空间来保证高科技企业进驻有地可用，尤其是对信息产业、生物医药产业、金融产业和先进装备制造业等重点产业园区进行合理设计，从而突出产业集聚的规模优势。

未来科技城在发展过程中，打造了梦想小镇、天使村、人工智能小镇等诸多特色小镇，通过抱团发展的模式有效提升了未来科技城的高端化水平，但这些特色小镇在发展过程中，产业互补性可以进一步提升，小镇与小镇之间的互动融合应当进一步强化。后续特色小镇的布局与打造，未来科技城应当充分设计、有效论证和不断优化，使其能够符合未来科技城发展的整体产业布局和定位。

三、打造国际社区，提升未来科技城国际化水平

未来科技城的发展应当面向未来、面向全球，不断提升未来科技城的国际化水平、全球化视野，不仅指的是产业国际化、企业国际化，更应该是人才国际化、环境国际化。阿里巴巴未来将推进全球化战略，包括全球出口、全球进口以及可自由连接的全球基础商业设施，而且也不断引进国际高端人才来建设阿里巴巴。那么未来科技城应当利用和发挥这些企业的国际化战略或者国际化水平的作用，提升未来科技城的国际化、全球化程度。在吸引企业、产业、项目、人才的过程中，适当地向世界级企业、项目、人才等倾斜。

与此同时，不论是企业引进、项目引进还是平台引进等，最为根本的是人才的引进，这就需要未来科技城做好生活等配套服务措施，打造真正适合全球化人才的国际社区，包括国际化医院、国际化教育等。引进国际化创新创业人才，才能带动国际化项目和平台的兴起与完善，而国际化人才的引进不仅需要

良好的工作氛围,更加需要设施完善、配套齐全的生活环境,所以打造好国际社区对于提升未来科技城国际化水平具有重大意义。

四、完善基础设施,为企业发展提供有效的保障

大企业驱动未来科技城创新发展的本质在于企业的做强做大,来推动未来科技城发展。而企业的发展,需要未来科技城能够完善现有的基础设施,从而为企业加速发展提供有效的保障。最为重要的是提供政策保障,明确企业主体地位,把主导作用还给市场,释放政策红利,促进企业提速增效。尤其是加大简政放权力度,以"放管服"改革为切入口加速推进"最多跑一次"改革,从而能够提高企业办事效率、提升资源配置效率,为企业创新发展提供良好的环境。

与此同时,未来科技城需要为企业做好金融支持和财政支持。对于高科技企业或者未来科技城重点需求企业,通过金融政策和财税政策,来为企业发展解决资金难题。鼓励地方性商业银行创新金融产品,提高金融支持效率,不断降低门槛为高科技企业提供免息贷款等,使未来科技城真正成为创新型企业发展的天堂。加大资金扶持、税收减免力度,扶持高新企业、战略性新兴产业、创业型企业。

第六章　特色小镇建设与创新创业生态优化

创新生态系统是一个借鉴自然生态研究的生物隐喻概念,相比于产业集群、创新系统等概念,创新生态系统强调空间层面内各创新主体间通过利益共享、风险分担、自组织等连接方式组成的价值创造系统。从全球竞争来看,生态竞争已经成为新竞争制高点,以平台经济为代表的信息经济快速兴起,形成经济新增长点和发展新模式。在这个过程中,全球创新高地把创新生态系统的建构作为首要战略,比如美国总统科技顾问委员会就曾在两份报告中明确指出,"一个国家的技术和创新领导地位取决于有活力的、动态的创新生态系统""美国的经济繁荣及领导地位得益于一个精心编制的创新生态系统"。以硅谷、中关村为代表的全球科技园区也都十分强调构建领军企业、高校和科研机构、人才、科技资本相互协作的创新网络。一个良好的创新生态系统具有强大的要素集聚功能,能够吸引创业资金、创新人才、服务中介等创新要素进入,促进创新成果不断涌现并产业化。创新生态系统建设是实现创新驱动的重要途径,对经济转型和可持续发展具有重要意义。

杭州未来科技城统筹布局从创新思想到产品商品化、产业化的全程支持体系建设,以创新创业生态建设为突破口,坚持全链融合的发展理念。围绕产业链部署创新链、围绕创新链完善资本链、围绕资本链强化服务链,试图为创业者和创业企业提供成长所需的"阳光雨露",构建由不同层次、规模的创新创业载体所组成的创新创业生态系统。经过七年的发展,未来科技城已经在经济发展、科技创新、社会建设等方面发挥了较好的作用。其中,特色小镇是未来科技城创新创业生态建设的一个缩影,有效协调政府市场关系、发挥政府市场各自优势,通过广泛引进和集聚人才、资本与创新主体实现资源全方位导入,依托高效的培育机制逐步形成了服务大学生创业创新的全省高地,逐步构建了共生、共享的创新环境,树立了创新生态系统建设的一个标杆。

第一节　创新生态系统与特色小镇建设

创新生态系统观的兴起源于经济全球化、环境动荡性背景下对竞争模式的重新认识,竞争不再局限于单一主体,而是体现在生态系统与生态系统之间。创新主体除了内部创新外,还要考虑同其他创新主体之间的有效协同,更为重要的是实现整个创新生态系统的健康持续运行(柳卸林,孙海鹰,马雪梅,2015)。正如德鲁克所说:"企业之间的生存发展如同自然界中各种生物物种之间的生存与发展,它们均是一种'生态关系'。"

一、创新生态系统的定义及构成

关于什么是创新生态系统,黄鲁成(2003)指出是一定的空间范围内组织与环境通过创新物质、能量和信息流动相互作用、相互依存形成的系统。Adner(2006)将创新生态系统定义为将各个企业创新成果进行整合,形成面向客户的解决方案的一整套协同整合机制,并提出任何企业离开创新生态系统谈创新是难以成功的。柳卸林等(2018)认为创新生态系统是以"共赢"为目的的创新网络,基于共同的愿景和目标,创新主体互惠互利、资源共享,通过搭建促进科技与经济有效结合的通道和平台实现共同成长,是我国建设世界科技强国的重要途径。

对于创新生态系统的构成,埃斯特琳(2010)从创新功能的角度区分为研究、开发和应用三大类群体,认为三者之间的健康的平衡决定了系统的可持续性。吕一博等(2015)认为创新生态系统由基础研究驱动的研发生态圈和市场需求驱动的商业生态圈组成。王娜和王毅(2013)从结构的角度提出创新生态系统包含外部环境、产业体系、硬件条件、软件条件和人才五个要素。

二、创新生态系统的特征

(1)嵌套性。当前观察特定区域内某一创新生态系统时所看到的将是众多生态型组织的集聚以及多元生态系统的叠加,特别是在互联网经济下,企业依托平台化发展在虚拟空间形成了庞大的跨区域乃至全球型的开放平台和协作系统(樊霞,贾建林,孟洋仪,2018)。为此,赵放和曾国屏(2014)提出创新生态系统是一个涵盖微观、中观和宏观的多层次"嵌套集合"。

(2)整体性。特定区域内的创新生态系统强调的是区域内所有主体间的"相互适应",不仅关注有形合作、物质资源的交换,更注重的是知识、创意、文化等无形资源的共享和价值共创。正如李钟文等(2002)的研究中所指出的一个创新生态系统最终体现为一种精神的栖息地,是创新活动系统化下呈现出的整体氛围,在这个氛围下"洋溢着创新的空气和味道"。

(3)自组织性。所谓自组织是突破固有的各种惯性和平衡态,从无序自发走向有序的过程,表现为系统多样主体的不断涌现以及不同专业方向和功能子系统在产业链、价值链的不断衍生(梅亮,陈劲,刘洋,2014)。自组织是关于创新生态系统发展动力的重要概括,在整个过程中,市场力量通过知识的学习扩散、创新的优化选择,推动着系统的不断变异,发挥着决定性作用。

三、特色小镇建设

尽管市场力量主导下的共同演进是创新生态系统最核心的特征,但政府部门的整体谋划与制度设计至关重要,特别是在起步阶段。为此,本研究认为特色小镇的培育是指通过公共政策及制度安排协调特定区域内各主体的行为及其与内外部环境的关系,建构、完善一个创新生态系统的过程,该过程以推动创新生态系统自组织发展以及形成区域内产业独特竞争优势为总体目标。

(一)培育的目标

特色小镇培育的具体目标包括系统生产力和系统创新力的提升,系统生产力是一个创新生态系统价值创造能力的重要体现,系统创新力是创新生态系统应对环境变化实现动态演进的关键能力(Iantisi,Levien,2004;梁运文,谭力文,2005)。

系统生产力包含三方面内容:一是系统主体通过协作为顾客创造的总价值要超过顾客从独立主体中获取的价值之和;二是系统内主体通过协作获取的总价值要超过独立主体获取的价值之和;三是系统的总体耗散要小于独立主体耗散之和。换言之,特色小镇建设的意义在于特定主体进入该区域后能够从整体环境中获益,实现更低成本的生产以及更高价值的回报。

系统创新力体现在特色小镇不断创造利基市场,提供更多的蕴含新价值的产品及服务上。利基市场的创造力是系统参与市场竞争、抵抗各种外界干扰和破坏的重要保障。利基市场的形成很大程度上依赖于系统的多样性。多样性通常以系统中主体数量空间的宽度来判定,多样性程度主要取决于特色小镇及相应创新生态系统的开放度和包容度。

(二)培育的关键要素

范保群和王毅(2006)将创新生态系统的形成区分为围绕价值理念识别关键驱动主体和要素,通过价值创造、价值分享不断吸引辅助要素加入,并根据环境变化进行不断调整巩固等几个阶段。结合以上关于创新生态系统构成的论述,我们认为特色小镇的培育包含价值导向、空间环境、系统结构以及制度体系等四个维度的关键要素。

其中,价值导向体现了特色小镇以市场为中心、以消费者为中心的建设理念,是在对自身竞争优势的总体把握的基础上结合发展目标以及相关产业、产品及服务定位所做出的有效提炼,包含目标顾客、价值内容等内容,是整个创新生态系统建设的起点。空间环境是各类主体生存的空间,在一定程度上是对创新生态系统内外部边界的界定。系统结构是创新生态系统的主体架构,体现了系统内主体功能定位、网络分工以及相应的协作方式,是系统运行及价值创造的重要组织支撑。而制度体系毫无疑问是整个创新生态系统运行的润滑剂,是系统整体氛围营造的关键作用来源。

第二节　未来科技城特色小镇的建设成效

梦想小镇位于未来科技城(海创园)腹地,既是浙江省的第一批特色小镇,也是杭州未来科技城和城西科创大走廊的重要组成部分。2014年8月,李强省长提出在未来科技城启动建设梦想小镇,核心区规划3平方公里,将其打造为一个"让梦想变成财富"的地方。自2015年3月启用以来,梦想小镇紧紧围绕省市关于特色小镇的系列指导思想和总体要求,顺应世界科技革命与产业革命的新趋势,锁定新兴领域、创新领域,抓住"大众创业、万众创新"的发展机遇,采用"有核心、无边界"的空间布局,全力打造众创空间新样板、信息经济新引擎、特色小镇新范式,资本机构加快集聚,全球创客纷至沓来,高新项目加快落户,众创空间层出不穷,小镇面貌焕然一新,成为一个低成本、便利化、开放式的创业创新综合服务平台,在杭州城西科创大走廊建设中起到了"龙头"引领作用,也引领了浙江乃至全国特色小镇建设。

一、梦想小镇品牌逐步建立

梦想小镇是随着"互联网+"时代的到来,"大众创业、万众创新"氛围的形成,为"有梦想、有激情、有知识、有创意",但"无资本、无经验、无市场、无支撑"的"四有四无"创业者打造的一个众创空间。依托未来科技城良好的人才优势,抓住"大众创业、万众创新"的发展机遇,梦想小镇通过三年建设,集聚互联网创业者 10000 名,创业项目 2000 个,基金及投资机构 300 家,资产管理规模达到 1000 亿元,成为众创空间的新样板、信息经济的新增长点、特色小镇的新范式、田园城市的升级版,致力于打造世界级的互联网创业高地。

二、创新创业势头良好

在梦想小镇的辐射带动下,创新创业团队、成果转化项目以及资金、平台、服务机构等创新资源要素快速集聚。截至 2018 年底,梦想小镇累计引进上海苏河汇、北京 36 氪、深圳紫金港创客、500Startups、Plug and Play 等孵化平台40 家,基本涵盖了早期创业者在办公、融资、社交、培训、市场推广、技术研发、战略辅导等各环节的孵化培育服务,为接力式培育打下了良好的基础。落户创业项目 1645 个,吸引创业人才近 14900 名;举办创新创业类活动 610 余场,参与人数 10.6 万人次;255 个项目获得天使梦想基金;166 个项目获得百万元以上融资,融资总额达 110.25 亿元。手游村、e 商村、车联网村、物联网村等梦想小镇拓展区发展形势喜人。

三、金融机构快速集聚

以产业专项资金管理改革、优化初创期金融服务、拓宽直接融资渠道等为抓手,未来科技城加速打通"智本"与资本的对接通道。发挥政府资金引导作用,以让利性股权投资、子基金、直接股权投资等形式,支持主导产业领域早中期、初创期创新型企业发展。充分发挥浙江省民营企业发达、民间资本充沛的特色优势,确立"人才＋资本＋民企"的特色发展模式,着力推动智力与民间资本的有机结合,有效引导民间资本向科技资本、产业资本转化。浙商成长基金、物产基金、龙旗科技、海邦基金、噭澜基金等一大批金融项目相继落户,集聚金融机构 1386 余家,管理资本 2941 亿元,形成了比较完备的金融业态。同时,遥望网络、灵犀金融、仁润科技等 3 家企业挂牌新三板。

四、创业氛围日益浓厚

相继举办中国(杭州)财富管理论坛、中国青年互联网创业大赛、中国互联网品牌盛典、中国研究生电子设计竞赛等活动 1316 余场、参与人数 18.8 万人次,吸引了中央电视台、德国电视一台、西班牙国家电视台、日本 NHK 电视台、《人民日报》等媒体密集报道,小镇的创业氛围和品牌形象不断提升。小镇内部及周边公共配套不断完善,公交线路得到加密和延伸,杭州萧山国际机场海创园航站楼正式启用;众多不同定位的特色创业餐厅完成装修营业;创意茶馆、创客健身馆、银行网点投入使用;YOU＋公寓正式开业并深受创客欢迎。

五、带动效应逐步显现

一批孵化成功的项目已迁出梦想小镇,进入附近的"加速器"进行产业化,周边恒生科技园等近 10 个重资产的传统民营孵化器正在向重服务的众创空间转型。在更大的范围内,小镇里涌现的创业项目和投资机构正在用互联网思维渗透传统产业、改造传统企业,"互联网＋农业""互联网＋商贸""互联网＋制造""互联网＋生活服务""互联网＋智能硬件"等新产品、新业态、新模式层出不穷,为区域经济发展注入了全新动力。小镇为众多国内外高层次创新创业者提供全程优质服务,走出了一条引人才、促创新、带项目、育产业的发展道路。

六、加快特色小镇群的培育

除了梦想小镇外,未来科技城还紧紧结合信息经济、生物医药、智能制造、科技金融等产业基础以及发展战略,布局了淘宝小镇、人工智能小镇、健康小镇、五常湿地科研创投小镇等一批特色小镇建设(见表 6.1)。其中梦想小镇、淘宝小镇主攻以信息经济为核心的新一代信息技术产业;健康小镇重点发展以生物医药为核心的健康产业;人工智能小镇着力打造以智能制造为核心的高端装备制造产业基地;五常湿地科研创投小镇发展以科技金融为核心的现代科技服务业,安排大型投资机构、上市企业投融资总部和各类优质股权投资机构、投资基金等落户,着力打造成为全省重要的资本高地和金融产业集聚区。

表 6.1　未来科技城的主要特色小镇

特色小镇	基本情况
梦想小镇	采用"有核心、无边界"的空间布局,致力于打造世界级的互联网创业高地。互联网村、天使村和创业集市三个先导区块和创业大街建成投用,创业服务机构、职住配套、O2O 云服务平台等快速跟进,入选省级示范特色小镇
人工智能小镇	培育和引进一批人工智能行业龙头骨干企业,重点布局基于大数据、云计算、物联网等业态,建立"孵化器—加速器—产业化基地"接力式全程创业创新产业链,形成具备较强的国际及区域产业合作和竞争能力的高端人工智能产业集群
南湖创新小镇	与阿里巴巴集团开展全面战略合作的重要载体之一,打造科学创新平台,布局大数据、云计算、人工智能、量子通讯等高端产业,引入高层次人才及一流研发机构,成为产城融合、创新创业、人才集聚的高地
五常湿地科研创投小镇	吸引国内外具有影响力的创投机构、上市企业投融资总部或者区域总部、大型私募基金及其管理公司,以及大型金融中介服务机构落户,着力打造成为全省重要的资本高地和金融产业集聚区
健康小镇(健康谷)	已建成两幢研发孵化大楼,引进创新药物早期成药性评价公共服务平台、省医疗器械检验研究院余杭分院、省医疗器械审评中心、乐邦医疗"医企帮"和"贝壳社"产业服务平台、"医智捷"科研后勤服务平台,通过公共服务平台,提高企业研发能力和孵化成功率
淘宝小镇	大力发展电商平台服务聚集区和 IT 产业上下游聚集区,努力打造成为杭州城市西进的战略支点、辐射全国的可持续活力创业基地、面向世界的国际创新人才特区

第三节　特色小镇建设的主要举措：以梦想小镇为例

创新创业生态的建设是一个复杂、系统的过程，需要生态内部不同的创新主体发挥作用并协同共生。作为特色小镇建设典范，梦想小镇牢固确立"人才引领、创新驱动"的发展战略，大力探索体制机制改革创新，引入了以创业投资、风险投资、高端人才、创业导师和新型企业家为主的新的市场主体，鼓励市场竞争优胜劣汰，形成了"好的更好，差的出清"的高效的初创企业筛选培育机制，培育了以互联网产业和科技金融服务业为重点的新经济，实现了政府甘当配角提供高效简捷的政务服务、企业充满双创激情活力的新的亲清型政商关系，在高端人才的引领下，技术、项目、资金等各类创新要素快速汇聚，科技创新蓬勃开展，科创产业节节攀升，成为未来科技城内创新创业最有活力的单元。其具体做法如下。

一、政府定位转变，从园区管理转为平台搭建

在梦想小镇的发展过程中，政府职能定位与传统园区管理发生了很大的改变，出现了新的政企政商关系，即亲清型政商关系。政府重点做好空间配套，加强服务供给，并通过市场的力量来支持大众创业，积极引进各类孵化服务机构，引导股权机构搭建孵化平台，为企业提供专业化、市场化、多样化的新型孵化服务。

（1）构建"互联网＋政务服务"机制降低运营成本。梦想小镇实行线上和线下并举的服务方式。围绕初创企业的特点和需求，转变管理方式，加强服务供给，推动简政放权，打造最为宽松的营商环境。改变以往"面对面、一对一"式的传统服务，将服务项目和服务窗口"搬到线上"，开发"O2O"云服务平台，采用"淘宝网"的理念，由政府来当"店小二"，着力提升服务效能和用户体验。

（2）创新建设与运营机制，实行"企业主体"。梦想小镇在建设过程中，更加精准地把握政府和市场的关系，坚持企业为主体、市场化运作，不用政府大包大揽。政府的精力集中在城市配套和公共服务上，做好编制规划、保护生态、优化服务，积极引入第三方机构，为入驻企业提供专业的融资、市场推广、

技术孵化、供应链整合等服务,不断完善政策体系和服务链。

(3)鼓励社会资本参与建设运营。梦想小镇通过引进新型创业服务机构、建立天使投资引导基金、组建创业贷风险池、开发云服务平台等途径,不断完善政策体系和服务链条,着力打造最富激情的创业生态系统,使梦想小镇成为省内首屈一指的新型众创平台。在政策扶持方面,改变原有扶持方式,实现"直接变间接、分配变竞争、无偿变有偿、事后变事前、低效变高效"的"五个变",发挥财政资金"四两拨千斤"的作用,撬动社会资本投资梦想小镇建设,发挥财政资金的最大绩效。

二、广泛引进和集聚人才、资本与创新主体

梦想小镇走出浙江、立足全国、放眼全球,以宽阔的视野吸引要素,并通过体制机制和政府管理创新,激发要素活力,使得各种资源要素深度融合。新的资源要素包括新的高端人才、创业项目、创业资本和创业创新主体。

(1)集聚高端人才。拥有阿里系、浙大系、海归系、浙商系等创新创业"新四军"。梦想小镇深入推进与各类中介机构、涉外机构、海外组织的合作,千方百计吸引海内外创新创业人才的加入。政府通过空间、租金、税收减免、创新券、购买园区服务等多种方式,积极做好对创新创业者的精准化服务。

(2)集聚创业创新资本。通过引进天使投资人或投资机构,撬动民间资本进入创业创新领域。梦想小镇通过引导基金、产业基金(浙江省信息产业基金,金融、健康等产业基金等)、贷款风险池,撬动社会资本转化成科技资本和产业资本。比如,政府投给海邦人才基金 2000 万资金,目前已带动了 10 多亿元的投资项目。

(3)集聚创业创新主体。构建了"创业苗圃＋孵化器＋加速器"的全程孵化链条。高新企业、公共技术平台、研究院所、企业研发中心和风险投资机构等创业创新主体,共同构建了良好的创新创业生态体系。马达加加、良仓孵化器、极客创业营、阿里纵贯会、浙大校友会等 10 个各具特色的"种子仓",36 氪空间、华睿等国内知名创业服务机构已相继入驻梦想小镇。

三、全方位资源导入，高效培育初创企业

梦想小镇作为基于互联网的"双创"平台，本质上就是一个"大孵化器"。市场型孵化器成为配置创新创业资源的重要市场主体。梦想小镇实现了市场主体从生产产品的企业向生产"企业"的企业（孵化器）的升级。

（1）新的融资模式。股权投资对接智慧资产。梦想小镇重点培育和发展科技金融、互联网金融，集聚天使投资基金、股权投资机构、财富管理机构，着力构建覆盖企业发展初创期、成长期、成熟期等各个不同发展阶段的金融服务体系。参考硅谷天使投资的评价体系，根据自己对于早期项目的衡量，调整维度和权重。天使投资关注的核心指标是人，只要有好的发展前景，就会有资金跟进。龙旗科技、省信息产业基金、陆家嘴财富金融中心、华睿投资等 15 个项目已落户，管理资金规模达到 260 亿元，随时可以为入驻项目提供资金支持。

（2）新的放大机制。产业基金引导民间资本。梦想小镇以引进海外高层次人才为优先目标，尤其重视"带项目、带技术、带资金"的高端人才及创业团队的引进，走内涵式发展道路；以基金杠杆的形式，探索浙江传统产业的资本与创新创业的有效结合。以政府产业引导基金注入专业的投资机构，进行人才的筛选、引进和投资后服务，撬动民间资本成为产业资本，形成"人才＋资本"的创业特色。政府的产业引导基金可以带动 4～5 倍投资机构自有资金，后者又通过发行基金进而会带动多倍的民间资本参与，实现浙江丰富的民间资本与高端人才和项目的结合。

（3）新的孵化平台。打造接力式产业培育链条。梦想小镇针对初创期、成长期、成熟期等不同阶段，着力打造"种子仓—孵化器—加速器—产业园"接力式产业培育链条，确保企业在研发、加速和产业化全过程都能够得到空间保障和政策支持。引进阿里百川创业基地、湾西加速器和硅谷 500Startups 等 10 多家新型创业服务机构搭建众创空间，形成了涵盖融资、培训、辅导、市场推广等环节的创业服务链。引入了创业创新所急需的"导师制"，大幅度提高了创业创新的成功率。目前，梦想小镇有以"省千"、阿里巴巴核心团队、专业基金管理人为骨干的创业导师团队。每周举办一次良仓三人行，每次会邀请三个

投资人的嘉宾和三个创业的项目进行深入交流。

四、快速迭代、优胜劣汰的筛选培育机制

梦想小镇充分发挥市场机制在各类创新资源配置中的决定性作用,鼓励通过市场竞争、优胜劣汰形成"好的更好,差的出清"的初创企业筛选培育机制,大幅度提高了创业创新的成功率。由于存在较高的交易成本与信息成本,在很多时候具有市场竞争优势的企业并不一定能够完全淘汰相对劣势的企业。梦想小镇以良好的市场环境与市场基础建设代替传统园区的简单"补贴""优惠"政策,实现政府办园向企业办园、综合园区向专业园区的有效转变。通过引入、培育各类专业机构,建构形成适应于创业企业成长的科技园区运营机制,实现市场力量主导下的优胜劣汰。

(1)竞争性入园机制。创业者能否进入梦想小镇并获得相应的政策优惠并非由管委会决定。一是通过创业先锋营竞争入园。创业者通过网上申报、初审等来获取集中路演的机会,最终由专业的创业导师和投资人确定是否能获得入驻梦想小镇的金钥匙。二是依托专业孵化器进行筛选。各类孵化平台都有着自己的行业偏好和项目偏好,只有那些在孵化团队看来有发展潜力的创业者才有资格入园。

(2)专业化培育机制。梦想小镇摈弃了传统园区大包大揽的运营管理模式,着力推进园区运营和创业培育的专业化。以园区运营为例,通过公开招标,梦想小镇引进菜根科技,由该公司为小镇的"镇民"提供一体化的互联网创业服务。梦想小镇依托专业化的运营,短时间内实现居住、商业、社交配套的同步推进,一个低成本、全要素、开放式、便利化的创业社区较快建成。

(3)高效率出清机制。高效率的出清机制是创业企业快速成长的重要保障,那些更有前景的项目将在短期内获得大量的创业资源。目前,梦想小镇多数孵化器给予创业企业六个月到一年的观察期,在孵化期间,孵化器会通过观察创业企业的发展情况决定是否进一步投资,对于发展较好的企业会鼓励扩大规模,而对一些发展不太理想的项目也会及时进行淘汰。例如,良仓孵化器自 2015 年 5 月份开始运行以来,先后引进了 60 多个创业项目,经过近一年的运作有 30 多个项目获得了投资,另有 20 多个项目已淘汰。

（4）再生性融入机制。对于未能获得梦想小镇入园资格的创业者，管委会和园区服务机构建立长效的联系机制，及时了解创业者的动态，鼓励其就项目进行优化调整为再一次竞争入园做充分准备。同样对于一些连续创业者，园区也会鼓励其充分利用以往的创业经验，吸取创业失败的教训，重新挖掘创业项目。

五、优化空间生态布局，产城人文融合发展

为了加快完善创新生态系统，营造一流的创业创新环境，梦想小镇摒弃了原来开发区建设"贪大求洋""大拆大建"的老思路、老办法和体制束缚，通过深入审视自身禀赋，制定了"先生态、再生活、后生产"的开发理念，确保生产、生活、生态"三生融合"。通过资源整合、项目组合和产业融合，梦想小镇被打造成一个"产、城、人、文"四位一体的新型空间、新型社区，是生态、生活、生产高度融合的田园城市新样板。创业者在这里既能享受到都市的快捷和便利，又能够留得住青山绿水、记得住乡愁。

（1）优化空间生态布局和创业环境打造。梦想小镇引燃了年轻人的创业激情，有效重塑了杭州大城西的创业生态。梦想小镇没有沿用传统产业园区招商引资的老路，而是集中精力全力打通空间、配套、产业、政策、招商"五大体系"，不断降低创业成本，形成了一个完整的创业创新生态系统。帮助和支持"有梦想、有激情、有知识、有创意"的"四有"创业大学生破解创业初期面临的"无资本、无经验、无市场、无支撑"的"四无"难题，让他们在这里持续造梦圆梦。

（2）坚持产城人融合发展，满足高端人才的核心需要。梦想小镇坚定不移地走"产城人"融合发展的路子，在良好的生态本底上精心嵌入城市功能，紧紧围绕人的需求建设城市，加快国际学校、高水平医院、文化休闲、商业配套、高铁等项目建设，降低通勤成本，以丰富的城市功能吸引高端人才集聚，以深厚的产业集聚提升城市价值，打造"三生融合、四宜兼具"的田园城市升级版，让创业创新、追求梦想的人能够自由徜徉于山水之间、自由徘徊在出世与入世之间。

第四节　创新创业生态优化的方向与展望

未来科技城尽管发展迅速,但仍然面临着产业较为单一,对阿里巴巴依赖性较大,健康医疗、智能制造等产业缺乏领头羊等问题。因此在今后的工作中应以梦想小镇建设经验为基础,进一步优化创业创新生态环境,加快解决创新要素集聚、创新主体关联的空间结构问题。

一、加快形成"大孵化器"

一个个创新创业社区就像是创新驱动的原点,而周边环绕的区域仿佛是创新驱动的带动面,点面融通,才能形成区域创新驱动的大格局。采用"政府自建、政府返租、企业自建、企业承租"等不同模式,构造起包括"孵化器—加速器—产业园"在内的一体化的企业成长平台,形成上下承接、互联互通的产业培育体系。从创新创业社区中走出来的成熟项目,到周边科创园区和存量空间中去加速和产业化,而社区中空出来的空间就可以继续不断引入新项目进行孵化,形成滚动开发、接力发展的产业良性成长路径。通过不同主体的协同发展,加快推动创新生态系统高效运行。以海创园首期孵化平台、梦想小镇、健康谷等为孵化核心,各类科创园区为企业加速阶段发展空间,周边五个工业生产功能区(永乐、中泰北部、义桥、瓶窑南部、凤凰工业园)和周边各类适宜工业区块为产业化功能区,打通"空间体系、产业体系、工作体系、政策体系、服务体系",加快研发项目的成果转化和产业化进程。

二、强化众创空间服务能力

众创空间作为创新创业生态的基础,是企业创新和成长的基础来源。经过多年的发展,未来科技城内基本形成了众创空间多元发展的局面,这些孵化器在发展定位、运营机制上各有特色。比如良仓孵化器,主要为互联网早期创业团队提供3~6个月的孵化服务,以服务换取股权,形成了"良仓三人行""良仓公开课""良仓 Demo Day""CEO 小饭桌"等系列活动,用于对接创业团队、投资人以及服务机构的相互诉求。比如极客创业营为我国首家资源众筹孵化器,在已有经营主体的基础上划分部分股份吸引大量社会资源参与,共同构建创业服务资源平台。在未来发展中,要进一步在办公、融资、社交、培训、市场推广、战略辅导等各环节强化孵化培育服务,为满足创业团队的差异化需求提供扎实基础。

三、强化建设科创园区联盟

为引导产业梯度布局,推动资源高度集聚、高速流通、高效配置,2017年6月,未来科技城成立科创园区联盟,进一步发挥自我管理、相互学习、协作以及先进基础设施共享的作用,形成园区社群,进一步推动平台发展的科学化、标准化及特色化,推动传统园区成为众创空间,加快推动实现"政府办园—企业办园""综合园区—专业园区""房东收益—股东收益""量的扩张—质的提升""税源培育—创新主体培育"五个转变。

四、优化政府服务和配套体系

一是运用互联网思维和手段,建立大数据云平台,分门别类掌握情况,实时动态跟踪服务,实现网络化、数字化、柔性化运营,不断强化制度政策服务供给。二是更加注重创业链条、创业生态的构筑,加快建立起覆盖大、中、小各规模以及成熟期、成长期、初创期各阶段企业的服务体系,积极整合政府和企业资源,通过市场化机制、专业化服务和资本化途径,确保企业在研发、加速和产业化全过程都能够得到政策支持。细化优化政策体系,加快海创园、科技型中小微企业、梦想小镇三大政策兑现速度。三是重点深化体制机制改革,完善工作职能和机构设置,着力提升管理能力和服务水平,在简政放权、减税降费、市场准入等重点领域先行先试,努力营造"审批事项最少、办事效率最高、投资环境最优"的创业环境,探索出可复制推广的经验。

第七章　城市功能提升与公共服务供给

在国际一流城市创新区发展中,高水平产城人融合的发展理念至关重要。打造一流人居环境和一流创新创业生态环境,使国际一流城市创新区成为全球创新网络的重要节点和国际创新创业资源集聚地(丛海彬,段巍,吴福象2017)。国际一流城市创新区既是美丽城区和公共服务高地,也是创新创业的城区和国际化城区,是国际城市发展的亮丽风景线。

杭州未来科技城以高科技产业为导向,不断完善城市公共服务与配套设施,带动杭州甚至浙江城市发展与经济转型。自成立以来,未来科技城城市发展理念不断升级,从最初的杭州创新创业基地,到当前杭州现代化副中心的打造,未来科技城不断提升城市功能,加强公共服务供给,为创新创业和产业发展提供沃土。目前,在杭州城西科创大走廊的发展框架下,未来科技城定位在打造成一流的国际化创新创业社区、全国重要的创新中心、浙江转型发展的引领区与高端人才特区、杭州现代化副中心和城西科创大走廊的发展龙头,实现国际化发展、产城人文融合、"三生"融合的路径。2012—2018 年,未来科技城技工贸总收入年均增长 56.3%,固定资产投资年均增长 48.7%,人口数量年均增长 22.6%,初步实现了产城人融合的城市发展。

第一节　城市功能提升与公共服务融合的理论机制

城市化是未来我国经济发展的重要增长极,科技新城将成为城市化中的创新动力源,城市功能提升与公共服务融合是城市化的重要路径。改革开放40 多年,我国城市化水平不断提高,产城人融合发展的理念一直体现在城市化进程当中。随着创新驱动战略深化实施,以科技新城为代表的城市创新区日益崛起,而在打造国际一流城市创新区中,高水平产城人融合的发展理念至关重要,已经深入到各地方工业园区、科技新区等建设进程中。譬如,京津冀一体化、上海虹桥商务区的建设、苏州工业园区的发展等都体现了产业、城市、人三者融为一体(陈红霞,2017;黄亮,王振,陈钟宇,2016;彭兴莲,陈佶玲,2017)。杭州未来科技城以高科技产业为导向,不断完善城市公共服务与配套设施,带动杭州甚至浙江城市发展与经济转型,已经初步实现了多维融合。

城市功能提升与公共服务融合本质上是产城人融合,以产业为基础、以城市为前提、以人为核心,实现产业、城市、人三者之间的良性互动、融合发展,对于区域经济转型升级具有重要作用,有利于加快新型城镇化的进程。从社会福利最大化而言,"先城后产"路径比"先产后城"的路径更加有利于居民福祉的提升。产城人融合进程中,需要破解资源错配、基础设施落后等问题,必须依托好新型城镇化、产业升级等优势,进一步完善制度设计(张磊,黄秋,高旭等,2017)。不仅如此,产城人融合发展需要金融支撑,加快融资机制改革对推动新型城镇化建设具有重要作用(舒鑫,林章悦,2017)。

城市功能提升与公共服务融合是城市建设的必然路径,需要在管理、财政、投资、用地和人口等领域做好体制机制的保障工作(杨雪锋,徐周芳,2017)。产城人融合本质上是产、城、人三者之间的融合,产业与城市的互融共生是以人为连接点的。但科技新城建设中,产城人融合需要与生态文明相结合,践行绿色发展理念。打造一流人居环境和一流创新创业生态环境,以人才驱动推动科技新城产城人融合,以此构建城市创新区,使其成为全球创新网络的重要节点和国际创新创业资源集聚地,推动区域经济的高质量发展。

与此同时,城市功能提升与公共服务供给需要以高技术产业为基础,高端人才是高技术产业发展的核心,所以高端人才要素是科技新城发展的关键节点。由此可知,不同于传统的产城人融合以产业为主导,科技新城的产城人融合将以人才为驱动力。增长极理论、田园城市理论、新城市主义等经典城市发展理论指出了产城人深度融合中产业、城市、人之间的互动关系,其最为直接的方式就是产业园区。一方面,产业园区的发展有效配置了城市资源,积累了财富,吸引了人才,为城市发展提供了物质基础;另一方面,产业园区的发展吸引了大量人力要素进驻,拓宽了城市的空间,延伸了城市的边界。同时,城市发展为产业发展提供了前提,城市发展能够吸引高端人才、风投资本等要素入驻,也为产业发展提供充足的要素保障。而且城市发展也会促进生产性服务业,由此更好地推动产城人融合。在此过程中,人作为产城人融合中的核心,是产业和城市发展的纽带。人能够为产业发展提供充足的劳动要素,其需求也牵引着城市的发展方向。

第二节　城市发展理念提升和建设进展

一、以构建创新创业生态作为未来科技城核心理念

为了适应大杭州地区经济社会快速发展对高水平创新创业的发展空间和体制机制创新的需求,2008年初,余杭区委、区政府在余杭组团内划定98平方公里,启动建设余杭创新基地,拉开了大城西开发的序幕。2008年12月30日,余杭组团(创新基地)党工委、管委会正式挂牌,阿里巴巴、淘宝城等大批重大项目动工,为这一区域发展奠定了坚实的基础,强有力地推动了城市发展。

随着发展理念与发展机制不断创新,余杭组团(创新基地)的资源要素得到整合,开发建设大大提速,发展活力充分激发,发展优势和潜能进一步显现。2010年7月浙江海外高层次人才创新园(海创园)正式挂牌成立,提供便利条件和优质服务,吸引高端人才回归。海创园以其优越的区位、优惠的政策、先进的理念迅速引起国内外的高度关注,一大批海外高层次人才创新创业项目相继落户。与此同时,海创园以新发展理念指导工作,充分发挥浙江民营经济发达、民间资本充沛的优势,积极促进海外人才创新创业和民营企业、民间资本相结合,在推进技术资本化、创新大众化、海归本土化方面做了许多有益探索,推动民营企业向高端化发展。2011年12月,杭州未来科技城(海创园)工作委员会、浙江杭州未来科技城(海创园)管理委员会正式挂牌。

通过高水平的城市规划设计,促进空间的集约开发与利用,积极打造高水平创新创业生态环境与城市环境是未来科技城建设的突出特点。未来科技城区域是传统的农耕区,农田保有率高,土地空间的有限和土地指标的限制,成为制约未来科技城快速发展的主要因素。因此,不能延续过去传统的大规模

建设园区的做法,而是要实行空间的集约开发与利用。因此,未来科技城不断优化深化规划,将杭州未来科技城规划面积从 10 平方公里扩大到 113 平方公里,在发展思路上从建园向建城转变。坚持产城融合、灵活分区、功能复合、集约高效的原则,系统开展城市总体规划、产业功能分区规划、建筑风貌设计导则等各层次规划编制,着力将杭州未来科技城打造成融科技、生态、人居为一体的绿色科技新城,打造高水平创新创业生态环境与城市环境。

2014 年 10 月以来,未来科技城敏锐把握国家大众创业、万众创新的时代机遇,抢占"互联网＋"产业革命的时代契机,吸引高端人才纷至沓来。依托区位、产业、生态、人才、体制优势,利用阿里巴巴和浙江大学"一校一企"的财智溢出效应,启动了"梦想小镇"建设,昔日的粮仓变成现在的创新高地。在梦想小镇的辐射带动下,创新创业团队、成果转化项目以及资金、平台、服务机构等创新资源要素快速集聚。以梦想小镇为代表的特色小镇建设成为未来科技城城市发展的突破口,开创了城市创新区产城人融合发展的"小而美"时代,同时也带动引领了浙江省乃至全国特色小镇与新型城镇化建设。

二、加速建设杭州城西科创大走廊核心区和杭州城西副中心

2016 年,杭州城西科创大走廊规划建设成为未来科技城城市发展的重大契机,为未来科技城交通网络建设、公共服务系统升级、科技创新平台打造等提供有利条件。

杭州城西科创大走廊规划构建"一带、三城、多镇"的空间结构,积极打造立体、开放、多元、便捷的综合交通体系,导入品质高效的服务功能。在杭州城西科创大走廊的整体发展框架下,未来科技城的交通网络体系、城市环境和公共服务等都加快了系统升级,形成建设高水平、国际化的一流城市创新区的有力支撑。

一是加快打造外联内畅的交通体系。未来科技城加快统筹铁路、公路、水路、航空、城市交通建设,构建以杭州西站铁路枢纽为核心,以道路网、轨道网、地面公交网为支撑的"一核三网"综合交通体系,实现"15 分钟进入高速网、30分钟到达杭州主城区中心、1 小时通达杭州东站和萧山国际机场两大门户"的目标,增强对外联系和辐射力。优化内部路网体系,完善路网骨架,充分挖掘

现有交通设施资源潜力,加快拓宽瓶颈路、打通断头路,全力提升道路通行能力,切实提升内部交通网络化程度。

二是系统提升城市环境建设水平。未来科技城加快城市规划设计与开发,着力提升城市综合承载力、高端商务功能、公共服务和国际化水平,从整体上优化城市景观风貌和空间格局。恪守"生态为基、功能高端",维护原生态环境,构建和谐共生的生态本底,加快推进未来科技城 CBD 城市综合体、海港城、生活休闲街区等商业和文体项目建设,打造生态、生活、生产的三生融合新型城市创新空间。

三是建设高水平、国际化的公共服务体系。按照职住平衡、提高服务效率、优化服务品质的导向,重点推进国际化功能服务配套,加强优质省市级公共服务设施覆盖,完善全域基础性公共服务设施布局,系统性提升整体建设和服务品质,致力于打造更加和谐的社会生态系统。

第三节　城市发展及公共服务的实践及成效

未来科技城围绕打造科技新城的目标定位,秉承"人才引领、科技支撑、产城融合、绿色发展"的理念,坚持高起点规划、高强度投入、高标准建设、高效能管理的原则,充分发挥未来科技城湿地生态和历史文脉优势,按照"三生融合"(先生态、再生活、后生产)、"四宜兼具"(宜居、宜业、宜文、宜游)的要求,推进产城人融合发展,让创业者进则坐拥城市配套服务、创业无忧,出则尽享田园气息、回归自然,建设人才理想中的创业乐园和精神家园,打造田园城市的升级版。

一、以平台建设与"三生融合"理念打造城市创新创业微生态

(一)以平台建设为载体打造科技城产城融合发展的"极核"

在杭州未来科技城建设中,海创园、梦想小镇、阿里巴巴西溪园区等科创平台与产业平台是特色产业集聚、人才集聚、专业服务集聚、企业集聚、人口集聚、公共服务集聚的城市空间,也是科技城城市发展的"极核"与增长极,因此高水平科创平台、产业平台以及周边城市交通体系、公共服务建设、生态系统

构建是科技城建设的重要城市发展"逻辑"。

未来科技城重点科创园区和创新创业平台的建设成效显著。至 2018 年底,未来科技城累计打造各类科创园区 55 个,面积达 156 万平方米;快速集聚了一大批高新技术企业,累计注册企业 10374 家,覆盖了电子信息、生物医药、互联网、电子商务等高新技术和新兴产业,是未来科技城企业培育和产业成长的主平台。在平台建设中,未来科技城坚持充分保护并开发好湿地、丘陵、湖泊等自然资源,引绿入城、引水润城,在良好的生态本底上精心嵌入城市平台功能,以良好的自然生态孕育创新创业生态健康成长、生生不息。

(二)特色小镇建设有效解决了发展过程中的不平衡

在城市平台建设中,特色小镇建设形成突破口,以"三生融合、四宜兼具"的发展理念开创了城市创新区建设的"小而美"新时代,解决了城市创新区建设的诸多发展不平衡问题。

特色小镇建设以生态基底保护与改造、文化基因继承与创新、传统文化继承与国际文化融合创新等新城市发展理念解决了保护和发展的冲突、过去和现在的冲突、老建筑与新建筑的冲突、原居民和未来创业者的冲突、原有产业和互联网产业的冲突,通过小镇建设的"织补"法在冲突间达成平衡,同时让冲突的张力成为创业创新的动力。

积极探索居民房产入股,降低拆迁开发成本。例如仓前古街提升改造工程,探索居民房产入股政策,使得当地居民由房东变成股东,不仅提高了拆迁开发效率,降低了拆迁成本,而且实现了当地居民与梦想小镇的共享发展。

专栏 7.1

传承历史文化,破解保护与开发难题

梦想小镇内的古街有 880 多年历史,拥有章太炎故居、四无粮仓等文保单位以及一大批古建筑,生态环境良好,自然景观质朴,但多年来陷于保护和开发的"两难"境地。特色小镇和众创空间的提出,为古街提供了除纯旅游开发、工业化带动或房地产驱动之外的另一条城镇化路径,即以信息化为动力,以人的城市化为根本的新型城镇化之路。在开发中充分保护自然生态和历史遗存,对文化底蕴进行深入挖掘,对存量空间按照互

联网办公要求进行改造提升,从而推动文化、旅游、产业功能的有机叠加、共生共融。例如仓前古街提升改造工程,改建完成后,仓前老街将保留章太炎故居、四无粮仓等文保单位以及一批古建筑,同时在改造后的空间中面向全球招引优质孵化平台、创业项目及餐饮、休闲等生活配套,成为传统与现代交相辉映、最能体现小镇特色内涵的精品亮点;并与先导区块中的互联网村、天使村和创业大街融合发展,实现文化旅游产业社区功能有机叠加、生态生产生活"三生"融合。

(三)坚持产城人融合,打造田园城市升级版

未来科技城坚定不移地走产城人融合发展的路子,即坚持引绿入城、引水润城,在良好的生态本底上精心嵌入城市功能,紧紧围绕人的需求建设城市,以丰富的城市功能吸引产业集聚,以深厚的产业集聚提升城市价值,打造"三生融合、四宜兼具"的田园城市升级版。实现"进,则坐拥城市配套服务、创业无忧;出,则尽享田园气息、回归自然",让创业创新、追求梦想的人能够自由徜徉于山水之间,自由徘徊在出世与入世之间。未来科技城建设中既能保证高端要素和特定产业的集聚,还能有效共享城市中心的现代服务业。

通过保护西溪湿地、五常湿地等生态系统原始特色,保护生态底色和本色。杭州大城西良好的生态环境是这片区域的底色和本色,区域内河道纵横、湿地连片、生态良好,是杭州的天然氧吧。未来科技城建设过程中,无论是大规划还是小建设,都把生态融入进去,打造一流城市创新区的生态优势和人居环境优势。

同时,在良好的生态本底上精心嵌入城市功能,紧紧围绕高水平人居环境的需求建设城市,围绕产业定位展开产业、文化、旅游和社区等四大功能叠加聚合,"四位一体"缺一不可。以丰富的城市功能吸引人才集聚、企业集聚、产业集聚,以深厚的人才集聚、企业集聚、产业集聚提升城市品位和国际影响力。

二、完善基础配套设施满足多元化需求

平台载体搭建为企业集聚、人才集聚提供了基础,在此基础上将形成社区,从而公共配套服务不断兴起。随着未来科技城的快速发展,未来科技城的人口流入也持续增加。2012—2016年未来科技城人口年均增加高达22.6%,

截止到 2017 年 6 月，未来科技城重点区域总人口达到 18 万人，且以流动人口为主，占比超过 75%。在人口结构中，也呈现了不同层次的梯队：初中及以下文化程度的人数占比为 53.74%；高中或中专占比为 6.24%；大专及本科占比为 34.62%；特别是研究生及以上占比为 5.74%，远远高于我国研究生占比平均水平的 0.5%，主要集聚于太炎社区、永福村等。根据不同人口的多元化需求，未来科技城不断完善基础配套设施建设。

（一）不同梯队的人口集聚具有多元化的公共服务需求，未来科技城在基础设施配套中也呈现了差异化的特征

未来科技城的商业设施配套主要以餐饮业等为主，创新创业人才主要集聚于以梦想小镇为核心的太炎社区，所以这片区域主要依托老街，以仓前老街为基础，打造双创配套＋仓兴街的模式，包含餐饮、书店、健身等。同时，依托产业楼宇，沿着海创街、龙潭路等人口密集区完善商业配套设施，同时淘宝城南侧以赛银等项目为主体配建商业。

未来科技城很多人口居住于永福村，所以依托房产配套，从大华西溪风情沿文一西路配套超市、餐饮等。而原有居民集聚主要依托农居，譬如仓前仓溢绿苑等，主要以农居配套为主，包括餐饮、住宿、临时农贸市场等（见图 7.1）。

（二）未来科技城高水平配套设施日益完善

为了提高整体城市发展水平，未来科技城不断引进建设高水平商业配套设施，近期大力度建设商业综合体 8 处，社区级生活配套 7 处（见表 7.1）。未来科技城不断引进建设高水平、国际化的教育和医疗机构，余杭文澜未来科技城学校、双语幼儿园建成投用，学军中学海创园学校、国际教育园已于 2018 年建成投用。浙大一院海创园门诊部开门营业，浙大一院余杭院区进展顺利，将于 2020 年建成投用，力争打造"国际一流的现代化大型医疗中心"，并且不断探索国际医保制度对接，真正实现从创新创业生态对接转向国际人才回归服务对接。高水平优质配套设施建设可以更好地吸引国内外人才进驻，并且提高人才和项目的根植性，提升项目的成功率，促进了高水平产业的稳定持续发展。

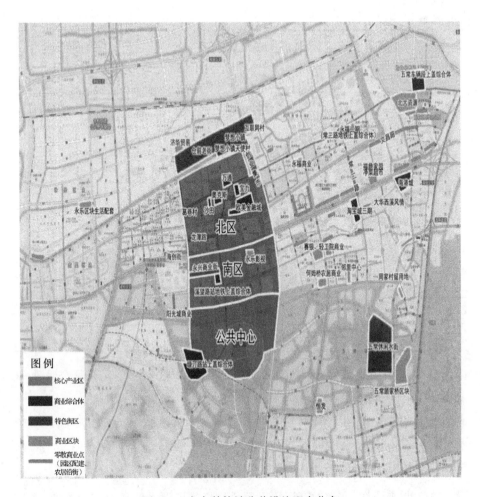

图 7.1 未来科技城公共设施配套分布

表 7.1 未来科技城商业项目一览

序号	项目名称	商业规模	商业面积（万 m²）	酒店（万 m²）	集中商业（万 m²）	酒店客房	电影院座位数
1	海港城综合体	商业综合体	12.7	3.0	9.0	200	1220
2	淘宝三期	商业综合体	5.4	1.8	3.6	260	1097
3	奥克斯	CBD 商业综合体	9.9	3.5	3.0	227	880
4	宝力君汇中央项目	CBD 商业综合体	5.3	2.2	2.0	120	1081
5	沙田城市度假酒店	CBD 商业综合体	4.9	4.6	0.3	270	

续表

序号	项目名称	商业规模	商业面积（万 m²）	酒店（万 m²）	集中商业（万 m²）	酒店客房	电影院座位数
6	万通地块公建区	CBD 商业综合体	2.3				
7	欧美金融城	CBD 商业综合体	9.9				1417
8	未来科技城地下空间	CBD 商业综合体	0.3				
9	永乐影视中心	社区级配套	3.8	1.6	1.0	198	910
10	邻里中心	社区级配套	0.4				
11	北大资源商业	社区级配套	1.5		1.5		
12	葛巷村农贸市场	社区级配套	0.9		0.9		
13	灵源村农贸市场	社区级配套	1.8	1.1	1.1	58	
14	周家村村级留用地	社区级配套	0.8		0.8		
15	恒发商务中心	社区级配套	2.2		2.6		

（三）依据企业集聚、人口集聚，打造教育、医疗、文化、体育等公共服务设施

在教育资源上，未来科技城拥有浙江省委党校、杭州师范大学、湖畔大学等高层次教育机构，九年制教育 1 处，初中 5 处，小学 13 处，幼儿园 25 处，幼儿园数量超过了其他教育科研资源的总和，表明园区十分重视学前教育的培养。义务教育资源、高等教育资源以及科研机构资源供给相对较为均衡，而且以人口集聚分布来进行。文化设施配套上，未来科技城具有区级文化活动设施 6 处、居住区文化活动中心 5 处、文化活动室 37 处、文化广场 6 座、体育活动中心 3 处、居住区体育中心 8 处、体育健身点 45 处。虽然数量众多，但从人口匹配程度上而言，人均资源依旧较少。在医疗资源配置上，未来科技城拥有综合医院 1 处、专科医院 5 处、社区卫生服务中心 5 处、社区医疗服务站 37 处。

目前，未来科技城积极根据人口加速集聚、企业规模化发展和社区快速成长的特点，以人口相对集聚的社区和科创平台、特色小镇为核心加快公共服务资源特别是基础教育资源的配置和建设。未来科技城基础教育资源的配置建设与发展迅速的社区分布基本一致。

三、固定投资持续增加提升基础服务能力

2012—2018 年,未来科技城固定资产投资从 51.35 亿元上升到 113.14 亿元,增长了 1.2 倍(见图 7.2)。在固定投资总体上升的背景下,2012 年下半年以来,未来科技城累计办理工程规划许可涉及建筑面积 1543.83 万平方米,其中,商业(商务办公)项目建筑面积 564 万平方米,教育卫生项目建筑面积 102.07 万平方米(仅地上部分),道路总长 69948 米。商业(商务办公)项目中,已竣工面积 351 万平方米。

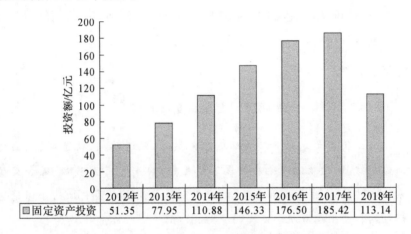

	2012年	2013年	2014年	2015年	2016年	2017年	2018年
固定资产投资	51.35	77.95	110.88	146.33	176.50	185.42	113.14

图 7.2　2012—2018 年未来科技城固定资产投资额

(一)未来科技城交通网络承载力不断提升

随着未来科技城固定资产投资增加,交通网络日益延伸和拓宽,通达性和便利性日益增强。文二西路、海曙路(荆长公路至绕城高速)、良睦路(文一西路至文二西路)、绿汀路(文一西路至文二西路)等建成投用,累计完成道路建设 80 条(项),总里程达到 108 公里,累计完成绿化 89.7 万平方米;地铁 3 号线和 5 号线、杭临城际铁路顺利推进,火车西站及城西交通枢纽工程快速推进。阿里巴巴周边区块、五常北部园、核心区块北区片三个区块支路网基本建成,内部交通循环进一步改善。陆续增设和加密公交线路,开通海创园—萧山机场航站楼和专线巴士,新建公共自行车租赁点,文一西路两侧公交 BRT 辅道及闲林港绿道基本建成。

（二）积极推进交通网络建设智能化

以项目化管理为抓手，推进"美丽余杭建设"，千方百计缓解交通拥堵问题，制定文一西路大货车禁行方案，启用"数字城管"指挥大厅，探索智能化停车管理途径，不断提升城市管理水平；完善道路综合养护考核机制，实现综合养护科学化、规范化，提高养护效率及应急到岗率；开展标识智能化系统建设，推动阿里巴巴南区块和五常北部园区区块智慧停车系统建设。

但不容忽视的是，杭州未来科技城内地铁尚未实现运营，园区内的地铁建设明显滞后于人口集聚和经济发展，并且会对园区从业人员的交通出行造成不便。随着城西科创大走廊的不断规划，打造畅通、便利的交通网络对于未来科技城发展、城西科创大走廊建设具有十分重要的作用。

专栏 7.2

城西科创大走廊交通布局

城西科创大走廊将以铁路枢纽为核心，以道路网、轨道网、地面公交网为支撑，联动物流基地和片区客运枢纽的"一核三网多心"综合交通体系，实现"15 分钟进入高速网、30 分钟到达杭州主城区中心、1 小时通达杭州东站和萧山国际机场两大门户"的目标。

规划建设铁路杭州西站：按照全国铁路枢纽站标准，在仓前附近规划建设铁路杭州西站。优化形成"五条线路、六个方向"的对外铁路交通体系。

三条轨道交通换乘：力争建成城市快速轨道交通 5 号线、轨道交通 3 号线以及市域轨道交通临安线，实现三线换乘，形成西联临安、东接主城的快速轨道交通客流走廊。

建设通用机场：在未来科技城与青山湖科技城之间布局一个二类通用机场，布设直升机起降点，满足旅游观光、商务交流、应急救援等多样化出行需求，未来在条件许可下提升为一类通用机场。

绕城高速西复线加快推进：加快推进高速公路拥堵段杭州绕城高速西复线建设，并将留祥路西延工程纳入建设规划，依托杭州绕城高速、杭长高速、杭徽高速，在城西科创大走廊构建形成"两纵两横"高速公路骨架路网。

打造"四纵四横"对内通道网络："四纵"线网。优化形成良睦路、东西大道（G320线）、G235国道、青山大道四大南北向快速通道。"四横"线网。优化形成留祥路西延—留祥快速路、余杭塘路—海曙路、文一西路—科技大道、02省道—天目山路四大东西向交通通道。

第四节　城市发展的未来方向与展望

一、建成现代化国际新城

首先，明确以建立与国际一流科技城市的"无缝连接"为首要目标，加快国际化创新创业社区创建。加快支撑优势主导产业的国际化科技创新创业资源、体系与机制的系统化引进，积极争取规划建设国际院士村、阿里巴巴国际创业小镇、国际高等教育合作园区、浙商国际总部区等，通过多种合作方式，引进建设世界一流的大学和学科、专业研究机构、上市公司总部、500强企业等，大幅度提升国际化合作交流、国际投资在未来科技城发展中的有效比重，逐渐形成国际化的高端产业、研究机构、创新创业活动和政策支撑互动的空间布局和良好环境。

其次，加强基础配套设施建设，提升未来科技城国际化品质。在城市基础配套建设中，引入国际化的城市元素，从整体上优化城市景观风貌、空间格局、业态功能。加快推进杭州铁路西站、地铁等项目建设，不断优化城市综合交通体系；积极探索国际人才社区建设，加强具有国际较高水平的高质量医疗、教育供给和社区建设；着力推进未来科技城CBD城市综合体、生活休闲街区等商业和文体项目建设，加快公共中心区域开发建设，努力补齐公共配套相对滞后的短板。

再次，深入开展绿色交通网络体系、公共空间、公共设施布点、城市国际化等战略规划研究。探索各类用地空间的有效利用，着力提升城市综合承载力和国际化水平。保障浙大一院余杭院区、学军中学海创园学校、国际教育园等项目顺利推进，启动人大附中未来科技城学校、杭师大附属实验学校等项目建设,加强高质量医疗和教育供给。

最后,提高城市管理水平。全面开展智慧城市建设,强化智慧安防、智慧交通、智慧城管、智慧社区、智慧教育、智慧医疗、智慧节能等领域的应用示范。对核心区城市建筑进行亮灯工程,运用光、电等现代化的视觉效果配上未来科技城自然山水、人文及湿地等独有元素。大力提升城市管理和经营的水平,打造城市形象展示的"大窗口"。

二、打造高能级产业平台

首先,加快高水平科技创新步伐。在人才引培基础上,集聚科技、教育、资本、高技术产业等先进生产要素,结合"五镇四核"新兴产业培育示范工程,深入推进信息经济、人工智能、健康医疗、科技金融四大主导产业加速发展,以期在源头创新、原始创新、开放创新上争取更大突破,在产业创新上形成更大优势。

其次,重点打造"五镇四核"新兴产业培育示范工程。即:以梦想小镇、淘宝小镇为示范,主攻以信息经济为核心的新一代信息技术产业;以健康小镇为示范,重点发展以生物医药为核心的健康产业;以南湖小镇为示范,打造以智能制造为核心的高端装备制造产业基地;以创投小镇为示范,做强以科技金融为核心的现代科技服务业。

最后,大力构筑产业梯度成长布局。构筑"孵化—加速—产业化"的接力式产业链条和企业"迁徙图",即以海创园首期孵化平台、梦想小镇、健康谷等为孵化核心,各类科创园区为企业加速阶段发展空间,周边四个工业生产功能区和周边各类适宜工业区块为产业化功能区,加快研发项目的成果转化和产业化进程。加快建设之江实验室等高能级科创平台,推动未来科技城创新能力整体升级。

三、促进产城深度融合

首先,保持产城人融合优势。尽管未来科技城的各项数据在全区已处于领先水平,但受开发年限、产业类别、区位环境等因素影响,区域内重大基础设施还不尽完善,缺乏医疗、文体等大型优质公共服务设施,区域交通规划布局明显滞后,公共交通服务能力薄弱,与主城区快速联系通道不畅,与交通枢纽连通效率不高,缺少大型综合交通枢纽布局,区域通勤效率低下。

其次,加强优化多层次、全过程政策供给。按照产业孵化、加速、产业化的不同发展阶段、不同类型以及人才创业创新需求,完善扶持政策,实施政策精准供给,催化政策叠加效应,更有效地激励人才创业创新。做强服务品牌,进一步打响"店小二"服务品牌,大力实施"互联网＋政务服务"。积极举办具有国际国内影响力的创业创新活动,营造浓厚的创新创业文化氛围。

最后,做好产业用地规划。空间资源有限,尤其是产业用地不足,是困扰未来科技城企业发展的难题。目前未来科技城可供出让的工业建设用地面积严重不足,从土地资源来看,不能充分满足现有规模企业和今后企业规模化发展的用地需求。因此,要做好产业用地保障工作,对现有工业园区内企业进行重新规划设计,明确实施方案,用于承接未来科技城产业化项目。

第八章 资智常态融合：
政府引导科技金融体系构建

科技是第一生产力，金融是第一驱动力。科技创新与金融资本的融合，不仅能够相互激荡、互为补充，而且将"裂变式"地激活经济社会发展的深层次活力，增强经济发展新动力，促进经济社会提质增效。回顾全球产业变革历程，每一次产业革命都源于科技创新、成于金融创新。今后一个时期，是我国经济转型升级、实现创新驱动发展的关键时期，加强科技金融创新，构建广覆盖、宽辐射的科技金融服务体系和恰当有效的科技金融服务模式，引导金融资源向科技领域配置，是促进科技和金融结合，是抓住新一轮科技革命和产业变革机遇、引领经济发展新常态的战略选择，是实现创新驱动发展战略的重要突破口。

杭州未来科技城结合企业发展基础和现实需求，通过借鉴其他地区科技金融的成功案例和经验，不断完善科技金融政策，构建其面向多层面人才、企业需求的服务体系。伴随着金融生态环境的不断优化，区域内的科技城金融体系从无到有、不断完善，逐步形成了以股权投资为主导的科技金融发展高地，多层次资本市场建设逐步推进，实现了金融产业在未来科技城的区域集聚，大大促进了区域创新创业产业的发展。金融产业对区域经济和区域税收的贡献逐步增大的同时，也让更多的创业者从中受益，实现了快速成长乃至爆发式成长。

第一节 科技金融的典型发展模式与实现路径

作为创新理论鼻祖的熊彼特（1912），最早从银行视角提出了金融对企业创新活动的支持,认为银行能够有效识别具有新产品创新和生产能力的企业并对其提供资金支持,从而促成企业创新。此后,学术界有关科技金融的研究主要围绕微观视角和宏观视角两条主线开展。许多学者基于创新企业行为的微观研究视角,从金融中介发展、金融市场效率、金融系统风险分散功能、金融影响技术创新的渠道等不同视角研究了金融发展对技术创新的影响(Saint-Paul,1992;Bencivenga,Smith,1995;Canepa,2008;吴翌琳等,2012)。Solow(1957)开拓了"金融—技术—增长"的宏观研究视角,不少学者将金融对科技创新作用的研究纳入宏观经济学分析范畴,开始关注到金融资本积累和资本效率提高对于长期经济增长的影响(Levine 等,2000;Chou 等,2001;Aghion等,2005)。

在各个国家探索科技金融的实践中,形成了多样化的科技金融结合方式和发展模式(赵昌文等,2009;丁涛等,2009;夏鸿义等,2016),而科技金融发展中的政府行为会引起许多学者关注(Goldsmith,1969;Kim,Paul,2007)。近年来,随着科技财政投入方式的变革,有学者针对政府公共科技金融及其投入绩效展开深入研究(郭兵等,2015;曾胜等,2017;刘立霞,2017)。同时,也有研究表明,地方政府对金融发展的不当干预会削弱金融中介对企业技术创新的促进作用,从而阻碍企业技术创新。

一、科技金融的典型发展模式

目前学界尚没有关于科技金融科学、完整、明确的概念界定。赵昌文等(2009)最早给出了科技金融的定义,认为科技金融是促进科技开发、成果转化和高新技术产业发展的系列金融工具、金融制度、金融政策与金融服务的系统性安排。

由于各个国家和地区科技资源和金融资源的禀赋不同以及资源配置方式的差异,同时受到本地特有制度环境的约束,在探索科技金融模式的现实实践中,形成了多样化的发展模式。根据科技金融实现路径和运行机制的不同,可以将科技金融归类为资本市场主导型、银行主导型、政府主导型和社会主导型四大类模式。

资本市场主导和银行主导模式是科技金融的主流模式,以资本市场和金融中介等市场化路径作为科技型企业的主要融资路径。在世界主要国家及地区的科技金融实践中,美国和英国是典型的资本市场主导型模式,日本和德国是典型的银行主导型模式。在政府主导型模式中,政府机制在科技金融资源的配置中发挥主导作用,政府主要通过贴息贷款、信用担保以及引导基金等为科技活动提供融资支持。以色列、韩国和印度是典型的政府主导型模式。在社会主导型科技金融模式中,社会机制起主导作用,往往采取自我融资和非正式融资的方式,由亲朋好友和业务关系形成的社交网络是科技型企业融资的主要途径。中国台湾是典型的社会主导型科技金融模式。

二、科技金融的实现路径

科技金融体系的构建是一项系统性、全方位工程,既涉及金融机构、中介机构等微观企业主体,又涉及政府的金融、财政、科技等相关职能部门。"四位一体"的科技金融实现路径主要包括以下方面,即以天使投资、创业投资、股权市场和企业债券为主要融资工具的直接融资机制,以银行信贷、金融租赁为代表的间接融资机制,以科技金融平台、信用体系、科技保险、科技担保、政府引导基金等为主的政府服务引导体系,以及以综合性政策、协调管理机制、科技金融研究和人才队伍建设为主的政府政策监管体系等。

科技型企业主要以技术作为企业的核心竞争力,无形资产占比高,技术风险较大;同时,科技产品更新速度快,产品或服务的生命周期短,市场风险也比较高,这些因素导致高风险的科技型企业往往很难获得以安全性为首要经营原则的商业银行的信贷支持。通过天使投资、创业投资、股权市场和债券市场等获取金融资本的直接融资支持,是科技型企业重要的资金来源途径。其中,天使投资和创业投资不仅能够为科技企业提供资金支持,还能够通过创业投资者长期积累的经验、知识、信息网络等帮助创业企业更好地经营,是科技型企业在成长初期和中期最为重要的外部融资途径。

以银行信贷为主的间接融资是发展中国家科技型企业获取外部融资支持的重要途径。然而,科技型企业信用等级普遍偏低,在信息不对称及其可能导致较为严重的逆向选择和道德风险问题的情况下,贷款银行通常会附加一些非价格条件,如要求贷款人提供抵押;同时,传统银行往往缺乏针对科技贷款的资信评估体系和风险防范能力，其贷款承担的风险与收益又往往存在不匹配的情况，这些都制约着传统银行参与科技型企业融资的积极性。通过成立专营性科技银行、小额贷款公司以及融资租赁公司等，为科技型企业提供间接信贷支持，是科技金融的重要实现路径。金融租赁是一种特殊而有效的融资方式，实质上是中长期科技贷款的短期化，因其无抵押和还款灵活等特点，正成为日益重要的新型融资方式。

解决科技型企业融资过程中的信息不对称和融资风险分担问题，离不开政府服务体系的建设。通过搭建线上线下科技金融服务平台和完善基础信用体系，能够有效缓解资金供需双方信息不对称带来的逆向选择和道德风险问题，提升金融服务效率、资源整合力度和信息传递速度。通过科技担保和科技保险等能够有效缓解科技型中小企业抵押难、担保难的问题，实现科技型贷款的风险分担，由此大大提升银行对企业贷款的积极性。此外，政府引导基金不仅是引导社会资本参与投资科技型企业的重要手段，而且有助于实现区域内资本投入与科技产业发展规划相互配合和加强。

作为一项系统性、专业性工程，科技金融体系的构建同样离不开政府的政策与监管。科技金融工作涉及金融、科技、财政等各个部门，科技金融机构和中介机构的集聚离不开综合性政策的制定以及相关职能部门的协调管理。同时，科技金融创新涉及银行、证券、保险、担保、风险投资、债券、小额贷款、科技创新等方方面面，很难仅依靠一个部门或少数人进行探索创新，必须集思广益，充分发挥专家团队的作用，因此，有关科技金融的研究和相关人才队伍的建设也是科技金融服务体系的重要政策保障。

第二节　未来科技城金融业的发展特征及成效

一、创新了区域金融集聚的新兴形态

金融小镇作为金融集聚的新兴形态，打破了传统以各类金融中心为主的金融集聚形态，未来科技城梦想小镇是金融小镇建设的典型案例。以梦想小镇为主要抓手，未来科技城范围内初步实现了金融机构和相关中介机构的物

理空间集聚,实现了对金融集聚形态的新探索。总体来说,区域内金融产业从零起步,机构数量和资本总量快速增加,金融产业发展速度明显提升,金融产业的集聚特征逐步显现,对区域经济的贡献逐步增大。截至 2018 年底,未来科技城累计集聚金融机构 1390 家,管理资金规模 2950 亿元;2018 年,金融业营业收入达 35.3 亿元,总税收 2.33 亿元。2012—2018 年,未来科技城金融业发展呈现"前低后高"的态势。2016 年,金融产业强势崛起,企业如雨后春笋、异军突起(见表 8.1、图 8.1、图 8.2)。

表 8.1　未来科技城金融产业相关统计数据

	2012 年	2013 年	2014 年	2015 年	2016 年	2017 年	2018 年
企业数	33	52	52	77	578	950	1390
营业收入(亿元)	2.09	1.64	4.79	5.76	22.99	18.16	35.3
税收(亿元)	0.30	0.51	0.94	1.82	4.07	9.07	2.33

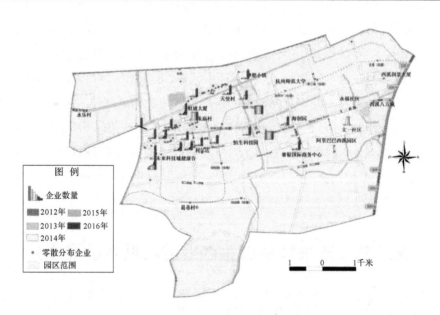

图 8.1　2012—2016 年杭州未来科技城重点开发区域金融企业分布

区域内机构主要集聚在梦想小镇天使村和西溪湿地艺术家集合村(天使村先导区)。梦想小镇天使村积极培育和集聚天使基金等风险投资机构,重点发展股权投资(管理)机构等。截至 2018 年底,天使村已入驻嗷澜投资、天翼

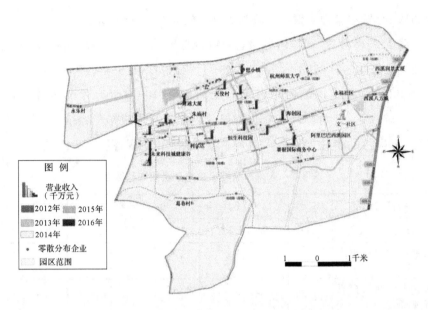

图8.2　2012—2016年杭州未来科技城重点开发区域金融企业营业收入分布

创投等298家金融企业,发展态势良好。西溪湿地艺术家集合村(天使村先导区)位于西溪湿地三期内部,能为上市公司提供定制化、花园式、低密度的办公条件,主要安排省内上市公司投融资中心或下设30亿元以上规模的基金、股权投资(管理)机构落户办公。截至2018年底,西溪湿地艺术家集合村已入驻7家管理资本规模超30亿元的大型机构,包括龙旗科技、赛伯乐等知名企业。

二、形成了以风险投资为主导的区域科技金融模式

在2015年3月中国(杭州)财富管理论坛上,时任浙江省长李强对梦想小镇打造全国创业高地和资本集聚高地的工作给予高度评价,并向全国金融机构发出邀请。实际上,自2015年以来,未来科技城良好的创业创新氛围和政府有效的扶持引导性政策,吸引了越来越多的风险投资机构,形成了良好的区域金融生态,风险投资机构在此呈现出明显的裂变式发展特征,成为区域科技金融的主导形态。2015年全年,区域新增机构107家,大约是2014年新增机构的10倍;2015年全年,区域资本管理新增规模为235亿元,大约是2014年新增资本管理规模的23倍。2016年和2017年,区域内机构分别增加了317

家、612 家,资本管理规模分别增加了 945 亿元和 1186 亿元。

截至 2018 年底,区域内风险投资机构总数累计达到 1390 家,区域内资本管理规模累计达到 2950 亿元(见表 8.2)。其中,新昌资本(500 亿元)、复星资本(100 亿元)、物产暾澜(100 亿元)、滨江集团(100 亿元)、腾讯共赢基金(50 亿元)、赛伯乐、天堂硅谷、华睿投资等知名股权投资机构已经落户,管理资本超过 2950 亿元,其中区域内入驻企业获得股权投资规模约 137.46 亿元。

表 8.2　未来科技城风险投资机构统计数据

指标名称	2012 年	2013 年	2014 年	2015 年	2016 年	2017 年	2018 年	累计
股权投资机构(家)	17	13	11	107	317	612	300	1390
基金及管理资本规模(亿元)	15.53	14.36	10.11	235	945	1186	484	2950
入驻企业获股权投资规模(亿元)	12.69	2.85	1.17	4.9	23.15	43.4	49.3	137.46

三、企业上市及并购重组推进成效显著

未来科技城制定了企业上市培育行动计划,建立梯队式的推进模式。通过上门调查走访、座谈会、信息交流等多种形式,及时发现培育资源,有计划地重点培育扶持。将新三板、浙江股权交易中心等场外交易市场挂牌企业列入培育名单,实行重点发展、梯度培育。同时,注重完善跟踪服务,及时化解上市难题。加大联合推动上市的服务力度,建立企业联系、定期走访和信息通报等制度,及时发现和协调化解上市过程中的问题,积极为申报阶段的拟上市企业提供全方位服务。

截至 2018 年底,未来科技城已有上市企业 5 家(含阿里),新三板挂牌企业 28 家,50 家企业挂牌海创板,重点培育企业 34 家,完成股份制改造企业 83 家。到 2020 年,未来科技城将力争上市企业超过 12 家、新三板和浙江股权交易中心等场外交易市场挂牌企业超过 200 家。

四、由政府引导逐步转向市场主导、内生性发展

综上,政府引导在最初的金融集聚、科技金融体系构建中扮演了极为重要

的角色，充分体现了政府引导型科技金融的发展模式与形成机制。信贷风险池、引导基金等财政扶持方式的创新，实现了"直接变间接、分配变竞争、无偿变有偿、事后变事前、低效变高效"的"5 个变"，有效撬动了社会资本向科技资本、产业资本的转换，充分发挥了财政资金的引导作用。

同时，值得关注的是，伴随区域内科技金融体系的逐步完善，风险投资机构的加快集聚，在政府引导作用之外，由市场主导的、基于企业自身的内生性增长将在后续的发展中扮演更为重要的角色。事实上，内生性的发展特征已经开始显露，这也是近年来金融产业在区域内快速集聚的重要因素。究其原因，一方面，风险投资机构的集聚，吸引了上下游企业和机构的集聚，实现了投资机构内生性的以商引商；另一方面，经过几年的发展，科技型、创新型项目快速集聚，部分企业逐步完成研发、进入产业化阶段，大量优质的项目必然吸引了大量金融资本的自发性集聚。

第三节　未来科技城科技金融体系建设的主要举措

未来科技城金融产业的快速集聚发展和科技金融服务体系的构建，离不开地方政府的政策引导与服务。近年来，未来科技城一直致力于打造良好的地方政府金融服务体系，营造良好的区域金融生态环境。除了在物理空间规划建设金融集聚区外，未来科技城不断完善和创新针对金融企业的服务，出台相关支持性和鼓励性政策，激发金融机构在区域内落户与创新发展的积极性，并不断促成区域内投融资信息的对接交流，营造区域良好的金融生态环境。

一、依托金融小镇出台扶持和培育政策以吸引机构集聚

在先期的金融集聚中，未来科技城管委会因势利导，将金融产业规划为四大主导产业门类之一，明确规划布局，定制了全方位的政策服务体系，致力于营造良好的区域金融生态环境，显著增强了科技城对金融企业和中介机构的吸引力。

为了重点培育和发展金融服务业，未来科技城专门出台了《关于加快梦想小镇（天使村）建设的政策意见》，对金融投资机构予以房租补贴、规模发展奖

励、投资追加奖励、财政贡献奖励、高端人才奖励、创业投资引导基金等六大方面的政策支持。此外,进一步研究出台了《关于梦想小镇(天使村)金融企业财政扶持政策实施细则》等金融扶持政策,积极发挥政策导向作用,进一步加大对金融企业的招引力度。通过相关支持性和鼓励性政策的出台,区域内针对金融企业的服务不断创新和完善,激发了金融机构在区域内落户与创新发展的积极性,并不断促成区域内投融资信息的对接交流。

二、以平台建设、活动举办等推进资智对接常态化

未来科技城最早通过梦想小镇的建设实现金融机构的空间集聚,从而有效推动了区域内资智对接。梦想小镇分为互联网村和天使村两大部分。"互联网村"重点培育互联网相关产业,"天使村"主要集聚天使投资基金、股权投资机构、财富管理机构、互联网金融机构等,两村对接极大地解决了融资双方信息不对称问题。在平台建设上,注重打造高规格、专业性平台。一是充分利用国际人才创新创业板平台。利用国际人才创新创业板落户未来科技城的地利人和优势,发挥其资本吸纳能力、人才集聚能力、创新成果转化能力和服务辐射能力,推动未来科技城国际人才、科技产业与各类资本的深度融合,加快企业股改进程。同时,借助省股交中心与上海交易所、深圳交易所合作在未来科技城设立"国际人才板企业上市培育基地"的机遇,推动企业加速上市进程。二是加快推动创投小镇平台建设。创投小镇将主要吸引国内外具有影响力的创投机构、上市企业投融资总部或者区域总部、大型私募基金及其管理公司,以及大型金融中介服务机构落户,积极打造"创业资本的集散地,天使投资的自由港,创新金融的先行区,资智融合的大平台"。目前,创投小镇区域征迁工作正在进行。建成后,该平台在推动企业上市以及企业兼并重组中必将发挥重要作用。

在上述空间集聚和平台建设的基础上,未来科技城积极推进区域内各项活动举办,推动实现区域内信息共享。依托专业孵化器、股权交易中心等平台,开展各产业资本对接,促进资智互动。连续举办创业先锋营,相继举办中国(杭州)财富管理论坛、全省上市企业促进并购大会、万物互联创新大会、互联网汽车高峰论坛、浙江大学校友创业论坛、创客音乐会、创客邻里节等活动。

针对初创期、发展期、成熟期不同阶段的科技型企业,积极开展"单个项目专场融资对接会""上市企业并购融资对接会""银行机构服务科技型企业座谈会""科技部国家中小企业发展专项资金宣讲会"等形式、主题不同的投融资会议,基本做到各类投资融资对象、直接间接融资模式全覆盖。

三、设立金融风险池降低企业融资成本

为了有效缓解入驻科技企业的融资难问题,促进科技与金融结合,加快科技成果转化和产业提升,推动银行对小微企业增加授信,未来科技城特别设立各项金融风险池。科技城目前设立的金融风险池有 3 个,包括"未来科技城金融风险池(2013 年 12 月设立)""未来科技城大学生创业贷风险池(2015 年 1 月设立)""未来科技城电子信息产业金融风险池(2015 年 10 月设立)"。截至 2017 年 10 月底,已召开金融风险池贷款评审会(包括大学生创业贷风险池)32 次,共计完成尽调项目 145 个,通过项目 77 个,信贷资金额度总计 2.08 亿元。

金融风险池支持的对象归纳而言,有三个条件:一是注册在科技城;二是属于互联网、生物医药、新材料新能源、先进装备制造等产业;三是初创型企业、科技型企业。虽然三个风险池的支持对象略有不同,有的是针对"大学生"创业的,有的是针对"电子信息产业"的,但总体而言从这些支持对象的条件看,普遍的重点是支持初创型企业和科技型企业。

从合作模式看,三个风险池基金的规模均是 2500 万元,管委会、担保公司各安排 1000 万元,银行承诺 500 万元风险池匹配资金,分摊比例是 4∶4∶2(电子信息产业风险池是 4∶4.5∶1.5,下同)。而银行在风险池基金的基础上,放大 8 倍,安排专项信贷规模 2 亿元。可见风险池和信贷规模的杠杆比率是 1∶8(2500∶20000),财政资金(管委会出资＋担保公司)和信贷规模的杠杆比率是 1∶10(2000∶20000),基于这个杠杆,财政资金的使用效率有了大幅度提升。若发生风险池基金赔付,担保公司负责催讨欠款,追回金额按三方赔付比例返还风险池基金。赔付总额超出风险池基金的部分,由管委会、担保公司、银行按比例承担。通过风险的分担机制,银行、担保公司和管委会都减少了承担的风险,由此提高了银行贷款的积极性,无形中降低了初创期企业贷款的门槛。

专栏8.1

金融风险池助推龙旗科技发展

杭州龙旗科技有限公司成立于2011年10月，是一家经营金融领域软件开发和投资管理的高科技金融企业，也是杭州未来科技城最早入驻的企业之一，从2012年开始在科技城潜心进行金融投资工具的研究。公司由朱晓康创办，高管团队中还有王黎、张露、朱冀等三名"省千"人才，是典型的"海外高层次人才创业企业"。

2013年底，公司的投资工具系统基本完成，设立基金的准备工作也顺利进行，而与此同时公司的资金链变得非常紧张。为了寻求外部的资金投入，龙旗科技尝试与商业银行接触，但是贷款的道路曲折多艰。一是因为公司属于典型的"人脑＋电脑"的科技型企业，轻资产企业，无法提供担保抵押物；二是银行对贷款投向是用于日常经营还是二级市场投资存在疑虑，觉得风险较大，难以判断，所以大部分银行不愿贷款。

就在此时，未来科技城正式出台了《浙江杭州未来科技城（海创园）金融风险池管理办法》。通过金融风险池，龙旗科技以极低的融资成本成功获得了300万元的银行贷款，顺利地完成了第一代投资工具和系统的开发。基金顺利设立，资金成功募集，凭借良好的投资业绩，公司管理的基金规模也是呈几何式的上升。公司于2014年获得私募基金管理人资格，累计管理资产规模超百亿元，为客户创造超额收益数十亿元，已成为量化对冲基金行业中的最有影响力的公司之一。

四、设立引导基金撬动社会资本

未来科技城目前共有两个创业投资引导基金，一个是未来科技城创业引导基金（规模1亿元），一个是未来科技城天使投资引导基金（规模1亿元），更加侧重前段天使轮的投资。两支引导基金作为母基金，对专业天使投资基金、风险投资基金进行阶段参股，支持科技城入驻的科技型企业的发展（见表8.3）。

表 8.3　部分未来科技城基金获得引导基金阶段参股情况

序号	基金名称	基金规模/万元	参股金额 (含余杭区)/万元
1	杭州兆富投资合伙企业	51690	10000
2	杭州华钛智测股权投资合伙企业	10000	500
3	杭州海邦新湖人才创业投资合伙企业	20000	2000
4	硅谷银行资本杭州基金	10000	2000
5	杭州领汇永谦投资合伙企业	5000	1000
6	杭州置澜投资合伙企业	8110	2000
7	杭州云创创业投资合伙企业	10000	700
8	杭州硅和股权投资合伙企业	15000	1000
9	杭州德赢创业投资合伙企业	5000	1000
10	合计	134800	20200

引导基金的支持对象包括两个部分,直接支持对象为股权投资(管理)和基金机构,最终支持对象为科技型企业。(1)对基金的资格审核有 6 条,概括而言为注册地的要求、注册资本的要求、产业导向的限定、投资经历的要求、风险控制的要求和财务管理的要求。天使引导基金还对投资机构侧重于企业前段的天使轮进行说明,这些要求都会有合作的律师事务所进行尽职调查,逐一在评审会上进行说明。(2)对重点支持的科技型企业要求有 3 条,重点说明了引导基金重点支持科技型、中小微、初创期的企业。

至 2017 年初,国贸东方、海邦、钛和华测、嗷澜、领庆、云创等 12 个基金累计获得科技城引导基金及同股同权基金 8.26 亿元,已出资 2.25 亿元(其中引导基金参股 6 支基金共计 7700 万元,已出资 5300 万元),撬动科技资本规模近 129 亿元。截至 2017 年底,累计开展 5 次天使梦想基金评审,支持项目总数达到 178 个,共注入 3560 万元省长基金,进入不占股权,A 轮同股同权,B轮退出,70％返还给企业,30％为收益和本金。

申请引导基金的股权投资(管理)机构,都必须满足政策文件中对申请资格的要求,在资金、从业经历、风控、财务方面达到要求,经过律师事务所的尽职调查和评审、公示,入选符合条件的优质机构。基金由专业的投资机构进行调查、决策和投后管理,比政府直接运作更加具有专业性,从具体操作层面保证了资金的安全。政府资金投资于多个基金,不直接投资于企业,每个基金对投资企业的额度又有限制性规定,两次的分散投资,"东方不亮西方亮",能有效地化解非系统风险。万一基金发生清算,管理机构已承诺必须优先清偿政府出资的引导资金部分,设置了财政资金安全的最后一道关口。总之,通过引导基金的设置,实现"直接变间接、分配变竞争、无偿变有偿、事后变事前、低效变高效"的"5 个变",有效撬动了社会资本对创新创业的参与。

五、加快推进企业上市及兼并重组

针对科技型企业初创、成长、成熟、上市后的不同发展阶段,未来科技城注重有针对性地运用好金融创新和政策工具,推动企业快速向上市和兼并重组方向发展。

在尊重企业上市主体地位的同时,未来科技城在构建立体学习培训宣传体系、构建鼓励企业规范化股改和上市挂牌等政策体系、构建政府服务能力提升体系等方面更好地发挥政府作用。一是按照"上市一批、申报一批、培育一批、储备一批"的发展思路,建立梯队式的推进模式。通过上门调查走访、座谈会、信息交流等多种形式,及时发现培育资源,有计划地重点培育扶持。二是完善跟踪服务,及时化解上市难题。加大联合推动上市的服务力度,建立健全企业联系、定期走访和信息通报等制度,及时发现和协调化解上市过程中的问题,积极为申报阶段的拟上市企业提供全方位服务。三是加强宣传培训,营造良好氛围。建立企业上市培训工作机制,通过组织企业参加境内外企业上市推介会、专题研讨会、参观考察等形式,帮助企业了解企业上市的相关知识和有关政策;加强与上市中介机构的联系、沟通,充分利用专业机构的优势和资源;加大政策宣传力度,及时传递最新政策信息,通报上市培育工作进展情况,营造"企业积极争取上市,部门合力推进上市"的良好氛围。

并购重组是企业加快发展、创新发展、跨越发展的有效途径。随着资本市场的健全和发展,特别是 2015 年以来,并购重组成为资本市场的主要命题。2015 年 6 月,"浙江资本市场发展暨推进上市公司并购重组大会"在未来科技城召开。未来科技城在推动并购重组的工作中,重视技术、品牌、管理等先进要素,信息、环保、健康、旅游、时尚、金融、高端装备制造等七大产业,积极推进高端并购。

专栏 8.2

并购服务政策助力幻文科技合作发展

杭州幻文科技有限公司是较早入驻杭州未来科技城的科技型中小微企业,公司成立于 2011 年,2013 年 7 月正式开始运营,2014 年开始业务的全面升级,积极地向高附加值的 IP(知识产权—著作权)运营服务业务拓展。

凯撒股份是一家服装行业的相对传统的企业,公司 2010 年 6 月 8 日上午在深圳证券交易所正式挂牌交易。2014 年 7 月 9 日,凯撒股份发布公告:申明公司已确定"构建服装和网络游戏产业为主,金融产业为辅的多元化发展平台,通过三轮驱动的发展方式加速完成公司的转型升级和结构调整"的长期发展战略。

鉴于幻文科技和凯撒股份双方在公司发展上存在巨大契合点,双方均希望由凯撒股份全资并购幻文科技。凯撒股份将在收购幻文科技后,逐步形成产业链中"IP 运营(幻文科技)+IP 商业化(酷牛互动)"的布局,形成一个娱乐产业生态版图。但在整个商谈并购的过程中,一直困扰幻文科技的始终是并购政策的问题:整体收购价格确定为 5.4 亿元,但 5.4 亿元的并购价格意味着一次性缴纳的税收在 1 亿元以上,这种一次性巨额的税收导致幻文科技股东无力承担。

未来科技城在得知情况后,主动上门到企业了解情况,并陪同和帮助企业积极与税务部门沟通。一方面按规定给予企业享受楼宇经济的有关税收优惠政策,切实减轻了企业的负担;另一方面及时了解国家税务总局《股权转让所得个人所得税管理法(试行)》的公告,企业按最新规定可以分次缴纳税款。如此为幻文科技解决了并购重组过程中的疑虑和后顾之忧。2015 年 6 月,幻文科技正式成为凯撒股份全资子公司,并全面布局"泛娱乐"战略,着力打造互动娱乐生态系统。

总之,未来科技城始终将发展和服务科技金融作为紧抓产业发展、促进社会经济发展的重点工作,努力研究和搭建金融工作的政策体系。一方面,帮助企业融资,为梦想小镇、科技城内入驻的创业项目、科技型企业提供覆盖初创期、成长期、成熟期全生命周期的"链条式"金融支撑和服务,帮助企业降低融资门槛、融资成本;鼓励金融机构创新金融产品和服务,为企业开辟债权、股权等各方面的融资渠道;帮助和指导企业加快在主板、创业板、新三板和地方股权交易中心等场内外多层次资本市场挂牌上市的进程等。另一方面,面向金融机构,为股权投资(管理)、基金、互联网金融企业提供招商、注册、入驻、项目申报、政策兑现等"一条龙"的服务,大力聚集大规模、专业性的投资(管理)机构,对各类投资业绩好和表现好的天使投资、风险投资给予投资奖励,为互联网金融企业提供鼓励和支持创新的政策环境,为入驻金融机构及高端人才提供拎包入驻的办公和居住环境,解决企业发展的后顾之忧。

第四节　科技金融体系完善的方向与展望

未来科技城产业的快速发展和入驻科技型企业数量的增多,对科技金融体系的时效性、针对性、综合性和专业性,都提出了更新更高的要求。未来科技城的发展中要进一步推动财政投入方式的转变,重视通过财政基金的杠杆作用撬动更多社会资本;要充分注重发挥科技贷款和科技创投在科技金融发展中的助推器作用;要同步推进科技担保体系、科技保险体系的建设发展,完善政府支持体系平台,跟进中介服务体系的建设,实现科技与金融两大要素的良性互动,形成驱动创新的强大动力。企业在其生命周期的不同阶段,经营状况不同,呈现出各种鲜明的风险特征及融资需求。要根据企业在生命周期各个阶段呈现缩短和快速变化的特征,从多元化信贷服务、多层次资本市场、政策性融资担保、互联网金融等渠道联合发力,打造全生命周期科技金融服务链。

一、进一步发挥财政科技投入的杠杆作用

(1)推动财政投入方式的转变和财政投入效率的提升。进一步推动财政投入方式的变革,以投入方式的变革促成政企双赢,重视完善财政资金的绩效管理、风险防控与退出机制。一方面,通过"拨改投"的投入方式,减轻财政资金的负担,实现财政资金的保值增值、循环使用和滚动支持,提高财政资金使用效率。另一方面,以财政投入撬动社会资本,通过"四两拨千斤"模式充分发挥政府投入资金的引导效应和杠杆效应,高杠杆吸引社会资本投入创业创新企业。在财政资金投入的绩效管理和风险管控上,引入专业化的第三方评估机构,实现专业的问题由市场解决,并明晰财政资金的退出方式和退出时机。要进一步推动采取贷款贴息、引导基金、科技保险等财政资金多元化投入方式,实现无偿投入与有偿投入相结合、事前投入与事后投入相补充。

(2)要加大创新金融风险池、电子信息产业风险和大学生创业贷风险池的支持力度。每年力争开展风险池项目评审 20 次以上,做好风险池二期贷款的审核发放。继续运作好"浙江省天使梦想基金",力争将 5000 万梦想基金用好用足,最大限度地帮助有潜力的优质萌芽企业发展壮大。探索设立一支专门服务加速阶段企业的"人才基金",帮助企业加速成长。研究、设立和运作好未来科技城直投基金。

二、引导构建覆盖企业生命周期的全链条科技金融服务链

根据创新型企业的成长规律,针对处于种子期、初创期、成长期、成熟期等不同发展阶段的企业融资需求,构建多层次、多元化的全链条科技金融体系,覆盖创新型企业成长的整个生命周期,以科技金融协同发展、创新发展助力科技企业。要注重发挥科技贷款和科技创投在科技金融发展中的助推器作用。鼓励和支持金融机构在未来科技城设立专营性分支机构,积极开发普惠性科技金融产品。重视创投机构对创业企业的支持,探索创投机构对接银行、证券、保险等传统金融机构,探索投贷联动、"债权+股权"等多样化的运作模式。重视不同类型金融机构的协同效应,试点科技企业信贷债转股、供应链融资、组合担保贷款、集合债券和集合票据等新兴融资途径。

(1)探索投贷联动、"债权+股权"等多样化的运作模式。科技银行、科技小贷公司可以考虑尝试"股权+债权"的运作模式,并重视与创投公司展开合作。可以借鉴硅谷银行、南京科技小贷公司成功的经验,开展银投合作,构建

适合自身的"培育初创企业、分享收益"的商业模式。在目前的政策框架下,也可以考虑借鉴上海银行的"远期共赢利息"业务模式,着眼于企业的全生命周期,拉长风险与收益匹配时间,给予企业较低水平的当期贷款利率。待企业发展达到一定规模触发约定条件后,按照约定利率支付远期利息。

(2)鼓励发展科技企业并购基金,加快产业转型升级。在科技城范围内设立科技企业并购基金,以控股或者参股方式获取国内外具有核心技术或者具备发展潜力的高新技术企业股权;以并购方式整合、重组、改造产业链上的企业、关键技术和资源配置,加快转型升级。

(3)开展创投改革试验点,探索企业成长全周期的金融服务链。基于创投小镇探索未来科技城范围内的"创业风险投资改革试验区",构建"特色小镇创业企业股份转让系统",并尝试对接创业板。进一步创新创投机构与孵化平台的合作方式,鼓励开展多家创投机构的股份制运营。在创业风险投资改革试验区的基础上,逐步打造包括天使投资、风险投资以及私募股权投资等在内的专门投资创新创业企业的市场体系,形成对创业企业不同成长阶段的"接力式"资金支持机制。在这一市场体系的基础上,构建"特色小镇创业企业股份转让系统",形成创业企业上市前股权融资的畅通,活跃资本市场。在条件成熟的时候,可以建立与创业板市场的沟通机制,并尝试建立对接机制。

三、推动区域内服务与政策体系完善

(1)加强信用体系建设。信用体系的建设是科技金融的重要基础。未来科技城可借鉴中关村的做法,着重从三个维度构建信用体系的指导框架,即信用基础、信用服务和信用应用。信用基础包括信用知识推广、信用文化建设、组织体系以及信用园区的评价指标体系。信用服务包括信用托管、信用档案、征信报告以及信用评级报告、社会责任报告。信用应用可以支持企业信用贷款、企业发债以及信用的其他创新型服务。

(2)加强科技金融创新研究。科技金融创新涉及银行、证券、保险、担保、风险投资、债券、小额贷款、科技创新等方方面面,是个非常复杂的系统工程,很难仅依靠一个部门或少数人进行探索创新,必须集思广益,充分发挥专家团队的作用,对现有的创新成果进行总结提升,对下一步的创新进行前瞻性的研究,为科技金融创新提供理论总结和理论指导。

(3)加强组织保障和统筹协调。要重视加强组织保障和统筹协调,在未来科技城范围内,建立多部门参加的协调推进工作机制,多方联动推进科技金融发展。加强检察监督,建立健全考核指标体系,把推进科技金融发展工作作为未来科技城发展、建设城西科创大走廊的一项重要内容。在风险可控、依法合规条件下,鼓励未来科技城范围内先行先试,开展试点示范,并形成可复制推广的经验。

第九章　城市创新区人口集聚态势分析与结构优化

第一节　提高人口集聚度是打造城市科技创新区的重要路径

人口集聚度是一个城市经济发展与要素集聚状况的集中反映。国内外大量研究表明,通过提高人口集聚度打造紧凑城市形态,不仅有助于提高城市的可持续发展能力,而且人口集聚伴随的创新要素集聚是打造城市创新区的重要路径(徐晓勇,2013)。近年来,随着浙江经济的持续快速发展,杭州市的人口集聚度不断提升,土地等资源要素持续趋紧,以往"城市郊区化"的发展模式已经不可持续,继续放任"摊大饼式"的城市化发展不仅会导致严重的资源环境问题,也不利于享用创新要素空间集聚的外部经济(高颖,2016)。

在经济学和人口学研究中,人口集聚度与经济紧凑度并列为考察城市紧凑度的两个核心指标。

首先,城市经济紧凑度以地均 GDP 表示,地均 GDP 既可体现一个城市的经济发达程度,又能反映城市的土地使用效率和紧凑程度(王胜今,王智初,2017)。关成华、赵峥(2017)研究发现,科技创新发展水平较高的城市,其人口集聚度和经济紧凑度也相对较高,城市科技创新发展与城市紧凑度呈现出明显的正相关关系,相关系数为 0.73。其所著的《中国城市科技创新发展报告2017》一书指出,研究表明,我国地均 GDP 排名前 10 位的城市分别是深圳、上海、东莞、广州、厦门、佛山、无锡、苏州、中山和南京。其中,广东有 5 个城市,体现出提高城市紧凑度对提升科技创新发展实力、建设区域乃至国家创新中心的重要作用。

其次,城市人口集聚度以市辖区人口占全市人口比重衡量,并按这一指标将所有样本城市划分为 30% 以下、30%～70% 和 70% 以上三组,分别对应城市化发展的初级、中级和高级阶段,以反映不同城市化发展阶段和不同人口集聚度下的城市科技创新发展水平(杨东亮,任浩锋,2018)。关成华、赵峥(2017)研究发现,城市科技创新发展指数与城市人口集聚度之间呈现出明显的正相关关系,二者的相关系数为 0.63。图 9.1 对不同人口集聚度对应的城市科技创新发展指数进行比较,结果显示,处于人口集聚度最低组城市的科技创新发展水平最低,处于城市化发展高级阶段、人口集聚度最高组城市的科技创新发展水平总体高于其他两组城市,但其分布较为离散。由此可见,科技创新发展水平较高的城市具有相对较高的人口集聚度。《中国城市科技创新发展报告 2017》进一步指出,地级以上城市的城市化进程中,应注重提升城市经济紧凑度和人口集聚度,以建设紧凑型城市。

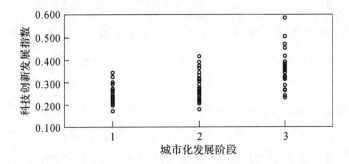

图 9.1　不同城市化发展阶段与人口集聚度下的城市科技创新发展指数

注:1 表示城市化发展的初级阶段;2 表示城市化发展的中级阶段;3 表示城市化发展的高级阶段

资料来源:关成华,赵峥.中国城市科技创新发展报告 2017[M].北京:科学出版社,2017:132.

第二节　未来科技城重点开发区域
人口集聚态势与结构分析

　　本书中人口调查统计中所指未来科技城总体区域包括仓前街道和五常街道两个街道辖区；未来科技城重点开发区域包括仓前街道的太炎社区、朱庙村、灵源村、永乐村和葛巷村，以及五常街道的五常社区、友谊社区、顾家桥社区、文一社区和永福社区。原始数据来源于课题组在五常街道派出所和仓前街道派出所调研获取的相关资料。

　　根据人口学和经济学的统计方法，本书选取人口总量、性别、民族、婚姻、文化程度、就业年龄和受教育年龄七项代表性指标，对未来科技城重点开发区域的户籍人口和流动人口的基本情况进行统计分析。重点对户籍人口的总量及变动趋势、性别、民族、就业年龄、受教育年龄和文化程度等指标进行说明，对流动人口的总量及变动趋势、性别、婚姻状况、就业年龄、受教育年龄和文化程度进行说明。

　　截至 2016 年 12 月，未来科技城重点开发区域常住人口总量为 181116人。其中户籍人口总量为 44499 人，占比为 24.57%；流动人口总量为 136617人，占比为 75.43%。总体来看，常住人口总量呈现持续稳定增长态势，但流动人口增长速度明显高于户籍人口；社会性别结构整体较为均衡，男性人口略多于女性；劳动年龄人口占比方面，流动人口的占比更高；受教育年龄分层方面，户籍人口的年龄结构较为均衡，而流动人口中未成年人口数量占比很小，对政府公共教育资源短期内不会构成有效需求；文化程度方面，户籍人口与流动人口总体上差异不大，但户籍人口中硕士及以上学历者占比更高。

　　2011—2016 年，未来科技城重点开发区域的常住人口总量总体上呈现出快速增长趋势，六年间的年均增长率达到了 22.60%，人口集聚效应十分明显，具体如图 9.2 所示。从年度增长率上来看，2013 年与 2014 年呈现出下降趋势，尤其是 2014 年下降较为明显，可能是因为浙江省加快实施转型升级组合拳实施以来，传统产业结构调整和转型升级的效果逐步显现，对省外低端劳动力的依赖明显降低，从而使得流动人口总量迅速减少。而从 2015 年开始，未来科技城重点开发区域的常住人口呈现出高速增长,两年的增长率分别接近30％和50％。

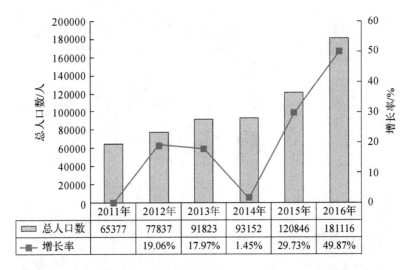

图 9.2　2011—2016 年未来科技城重点开发区域常住人口总量变动趋势

一、未来科技城重点开发区域户籍人口集聚态势与结构分析

(一)户籍人口总体空间分布

2011—2016 年,重点开发区域的人口数量稳步提升,就业人口越来越多,常住人口的总数有所上升,但人口的分布较为集中,主要分布于永福社区、文一社区、太炎社区等,其中太炎社区增长幅度最大,六年增长了 5.46 倍,其次是永福社区,增长了 62.64％,其他社区平稳增长(见图 9.3、表 9.1)。一方面,因为这些社区离未来科技城重点开发区域的核心产业园较近,有大量的企业就业机会;另一方面,这些社区周边的交通等基础配套设施相对完善,有利于人口的集聚。而从常住人口的性别比例来看,基本处于稳定状态。

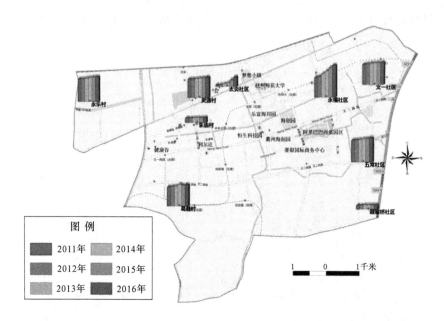

图 9.3　2011—2016 年杭州未来科技城重点开发区域户籍人口总量分布

表 9.1　2011—2016 年未来科技城重点开发区域分街道户籍人口数　单位：人

社区	2011 年	2012 年	2013 年	2014 年	2015 年	2016 年	增长幅度/%
太炎社区	718	837	1293	1723	3204	4638	545.96
永福社区	5243	5555	6331	6959	7862	8527	62.64
永乐村	5009	5112	5200	5379	5470	5563	11.06
五常社区	4909	4985	5054	5223	5343	5467	11.37
文一社区	4439	4534	4672	4779	4831	4899	10.36
葛巷村	4313	4396	4492	4886	4714	4779	10.80
灵源村	4192	4255	4320	4415	4520	4662	11.21
朱庙村	1103	1128	1145	1188	1207	1220	10.61
顾家桥社区	983	1014	1031	1054	1081	1096	11.50
合计	30909	31816	33538	35606	38232	40851	29.88

（二）户籍人口迁入数量持续增长，流动区域集中，但增长率具有较大波动性

截至 2016 年 12 月，未来科技城户籍人口总数为 72195 人，其中重点开发

区域户籍人口总数为 43752 人,占总人口的 60.60%;非重点开发区域户籍人口总数为 28443 人,占总人口的比重为 39.40%,见图 9.4。

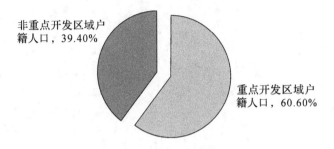

图 9.4　2016 年杭州未来科技城重点开发区域与非重点开发区域户籍人口对比

随着未来科技城的发展,常住人口不断集聚,人口迁出与迁入也处于剧烈的更替变换当中。从区域分布上来看,不论是迁入人口还是迁出人口,都主要分布在永福社区和太炎社区,较为集中(见图 9.5、图 9.6)。因为这些社区离核心板块距离近、生活配套好,成为就业人员的首选之地。

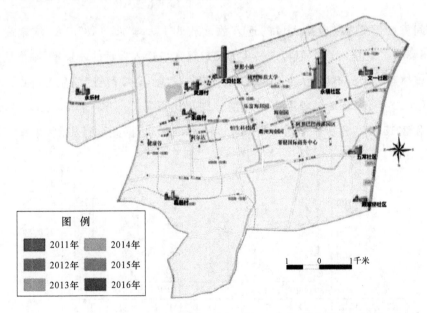

图 9.5　2011—2016 年杭州未来科技城重点开发区域户籍人口迁入人数分布

从重点开发区域户籍人口的变动情况来看,以五常街道为例,2012—2016

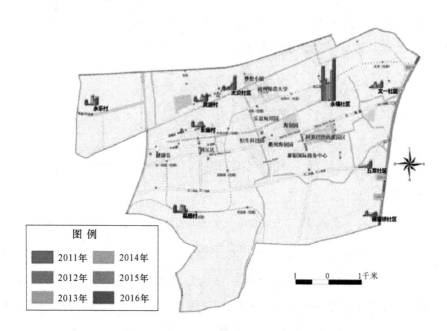

图 9.6　2011—2016 年杭州未来科技城重点开发区域户籍人口迁出人数分布

年间重点开发区域户籍人口的迁入数量从 821 人增加至 1875 人,增幅高达
128.38%(见图 9.7)。但若进一步考察户籍人口迁入数量的增长率,则可发现
其整体态势十分不稳定,出现了较大的波动,具有"两峰两谷"的显著特点。其
中,2012 年和 2014 年较上一年同期分别环比下降 63.17% 和 13.19%,2013
年和 2015 年则分别环比增长 57.00% 和 44.86%。据此进行推测,未来一段

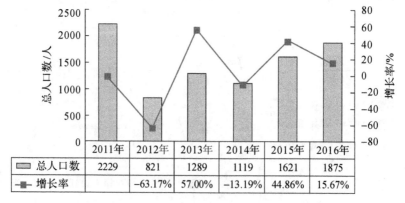

	2011年	2012年	2013年	2014年	2015年	2016年
总人口数	2229	821	1289	1119	1621	1875
增长率		−63.17%	57.00%	−13.19%	44.86%	15.67%

图 9.7　2011—2016 年重点开发区域户籍人口迁入数量及增长率

时期重点开发区域户籍人口迁入数量的绝对值将继续保持稳定增长,但环比增长率则可能出现较大波动,具有不稳定性(向华丽,2015)。

（三）受教育程度相对较高,高学历人才的聚集效应比较明显

与重点开发区域的流动人口相比,重点开发区域户籍人口的文化程度整体上与流动人口相当,但高学历、高技能人才占比明显高于流动人口。具体来看,在所统计的重点开发区域户籍人口中,初中及以下文化程度的人数为23515人,占比为53.74％;高中或中专的人数为2731人,占比为6.24％;大专及本科的人数为4856人,占比为11.10％;硕士及以上的人数为2510人,占比为5.74％(见图9.8)。

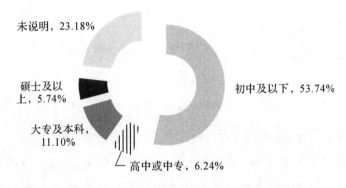

图 9.8　2016 年重点开发区域户籍人口的文化程度分布

除去未作说明的 10140 人,硕士及以上学历者占总户籍人口的比例接近6％,而我国研究生占总人口的比例大约为 0.5％。这一指标表明,未来科技城重点开发区域以互联网和信息技术等高新技术产业为主的经济结构和产业类型对高学历人才的聚焦效应十分明显。

从区域分布来看,出现显著差异。在五常社区、朱庙村等区域,常住人口的文化程度基本上是初中及以下,而海创园、太炎社区等区域的常住人口以大专和本科为主(见图9.9)。这主要是因为太炎社区靠近梦想小镇、天使村,而海创园社区又以阿里系人才为主,需要高层次学历来支撑。朱庙村、五常社区等区域以农居点为主,低端服务业较为发达,所以常住人口的文化程度相对较低。

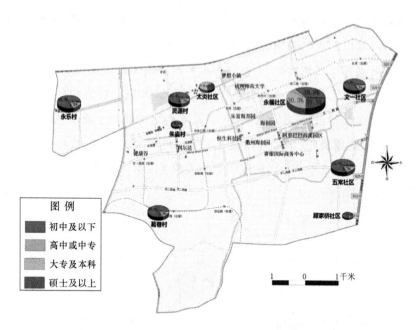

图 9.9　2016 年杭州未来科技城重点开发区域户籍人口文化程度分布

（四）年龄分层相对比较均匀，对教育资源的需求将会持续增加

与重点开发区域流动人口的受教育年龄分布相比，户籍人口的受教育年龄分布相对比较均匀，没有出现大量集中在某一年龄段的极化现象。截至 2016 年底，重点开发区域户籍人口中 0～3 岁的人数为 2016 人，占比为 21.23%；4～6 岁的人数为 1588 人，占比为 16.65%；7～12 岁的人数为 2530 人，占比为 26.52%；13～15 岁的人数为 840 人，占比为 8.81%；16～18 岁的人数为 723 人，占比为 7.58%；19～22 岁的人数为 1833 人，占比为 19.21%。各年龄段人数的比例如图 9.10 所示。

单从重点开发区域户籍人口的受教育年龄分布来看，各年龄段受教育人数的绝对值及其占比相对均衡，未出现某一年龄段人口过度集中的现象，因此暂时不会对区域内的教育等公共资源的配置产生强约束。但是，对该问题的分析仍然需要结合占重点开发区域人口绝大多数的流动人口的情况进行探讨，在后文的分析中我们发现，未来科技城重点开发区域近年来流动人口呈显著增长态势，而且处于婚育年龄的流动人口占比相当高，预计未来将会对婴幼儿、学前教育、义务教育等公共资源配置产生强大的刚需。与现有的教育资源配置相比,未来5～10年未来科技城需要重点关注教育资源的均衡配置和有效供给(潘家栋,2019)。

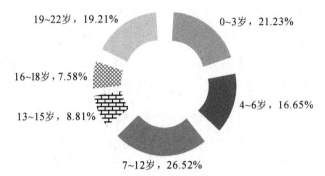

图 9.10　2016 年重点开发区域户籍人口的受教育年龄分布

在常住人口的受教育年龄分布和人口就业年龄分布中,虽然太炎社区和海创园区域的受教育年龄都开始于7～12岁,但是从受教育年限来看,远远高于其他社区。从就业年龄来看,太炎社区和海创园区域的常住人口年龄基本位于16～30岁(见图9.11),属于21～23岁或者20～22岁的年纪,所以导致了各个区域文化程度的显著差异。

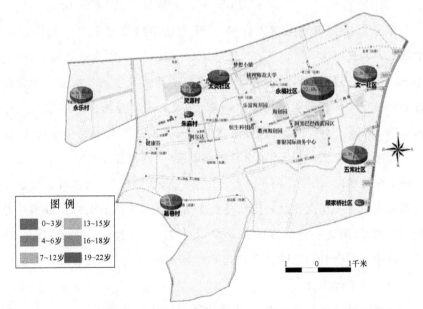

图 9.11　2016 年杭州未来科技城重点开发区域户籍人口受教育年龄分布

（五）劳动年龄户籍人口略低于流动人口，需关注迁移落户问题

截至 2016 年底，未来科技城重点开发区域户籍人口中，处于 0～15 岁的有 1355 人，占比为 3.09％；处于 16～30 岁的有 9129 人，占比为 20.87％；处于 31～45 岁的有 8548 人，占比为 19.54％；处于 46～59 岁的有 7793 人，占比为 17.81％；处于 60 岁及以上的有 7974 人，占比为 18.23％；未做出明确说明的有 8953 人，占比为 20.46％。各年龄段的具体比例如图 9.12 所示。

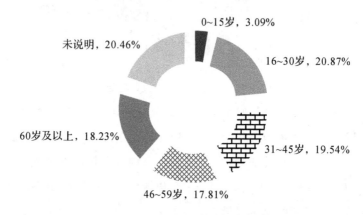

图 9.12　2016 年重点开发区域户籍人口的就业年龄分布

总体来看，重点开发区域人口中，处于劳动年龄段的总人口为 25470 人，占全部人口的比重为 58.21％。与流动人口相比，这一数值相对偏低，说明当前未来科技城重点开发区域的劳动年龄人口主要由流动人口构成。为确保经济社会的稳定发展和产业结构优化调整，建议未来科技城今后应重点关注流动人口的迁移落户问题，切实做好流动人口的安家落户和市民化待遇，以提高其参与经济社会发展的积极性、稳定性和创造性（孙雪芬，2018）。

需要说明的是，由于仓前街道 0～15 岁人口数据缺失，未来科技城重点开发区域的未成年人比例在此处应该是被低估了。若按照与五常街道相对等的规模进行测算，则这一数值应该在 2700 人左右，占比为 6.19％（见图 9.13）。由于该数值并不会对研究结论造成根本性的影响，因此将其纳入未作说明的人口部分一并进行统计。

（六）男女性别比较为均衡，与非重点开发区域情况截然相反

截至 2017 年 6 月，未来科技城重点开发区域户籍人口中男性总人数为

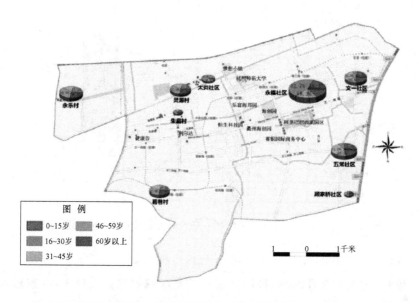

图 9.13　2016 年杭州未来科技城重点开发区域户籍人口就业年龄分布

21830 人,占总人口的比重为 49.89%;女性总人数为 21922 人,占总人口的比重为 50.11%,略高于男性(见图 9.14)。整体来看,未来科技城重点开发区域户籍人口的男女性别比较为均衡,社会性别结构比较稳定。

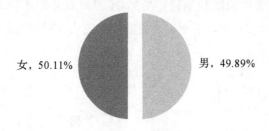

女,50.11%　　男,49.89%

图 9.14　2016 年重点开发区域户籍人口的性别对比

　　进一步考察重点开发区域与非重点开发区域户籍人口的性别对比,可以发现,重点开发区域男性总人数(21830 人)明显高于非重点开发区域男性总人数(13745 人),而重点开发区域女性总人数(21922 人)则略低于非重点开发区域女性总人数(26620 人),具体见图 9.15。在分区域的性别比方面,五常街道男性总人数(12752 人)高于仓前街道男性总人数(9078 人),一定程度上减少了重点开发区域户籍人口性别比的差异。

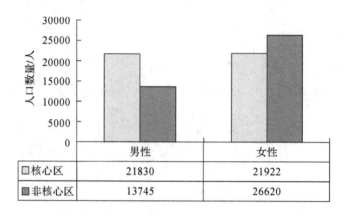

图 9.15　2016 年重点开发区域与非重点开发区域户籍人口性别对比

（七）民族结构相对单一，社会态势整体比较稳定

截至 2017 年 6 月，未来科技城重点开发区域的户籍人口中，汉族总人数为 43091 人，占重点开发区域总人口的 98.49%。其中，五常街道户籍人口中的汉族人数为 24599 人，仓前街道户籍人口中的汉族人数为 18492 人（见图 9.16）。民族结构的单一表明未来科技城重点开发区域的社会态势整体比较稳定，基本不会面临文化冲突和民族矛盾，因此更加有利于经济社会发展政策的制定以及社会管理的顺利推进。当然，随着重点开发区域经济—人口集聚效应的进一步凸显，不排除未来一段时期少数民族人口增长的可能性，具体态势有待进一步观察。

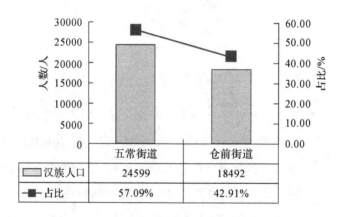

图 9.16　2016 年重点开发区域汉族人数及占比

二、未来科技城重点开发区域流动人口集聚态势与结构分析

(一)流动人口净流入数量逐年增加,2016年达到高峰

截至2016年末,未来科技城重点开发区域流动人口总数为136617人,占未来科技城总流动人口数的72.42%(见图9.17)。这一指标表明,未来科技城重点开发区域能够提供更多的就业岗位,外来人口集聚效应明显。外来流动人口的增加对提高城市的经济效益具有重要意义。

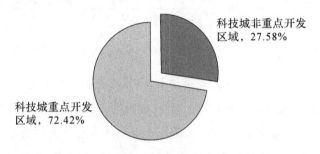

科技城非重点开发区域,27.58%

科技城重点开发区域,72.42%

图9.17　2016年重点开发区域与非重点开发区域流动人口数量对比

具体来看,一方面,流动人口的增加为城市经济发展提供了充足的劳动力和人才资源,他们参与到城市经济建设的方方面面,例如在城市基础设施建设、工业和第三产业等经济领域的发展中均发挥着重要作用,从而在一个相当长的时期内为城市经济发展提供了强大的动力。另一方面,以这些流动人口为媒介,先进的知识技术工具、丰富的工作经验和优良的工作制度传入流动人口的居住地城市,为当地经济发展不断注入新的活力与动力。

自2011年未来科技城项目正式启动以来,重点开发区域流动人口迁入数量逐年增加,流动人口的迁入数量从2011年的22093人增加到2016年的96250人,年均增长率达到34.42%,流动人口逐年变化趋势见图9.18。特别是2015—2016年,流动人口迁入人数增长了43283人,增长率达到81.72%。

与此相对应,流动人口快速迁入也导致未来科技城重点区域流动人口总人数的急剧上升。2011—2016年,重点区域流动人口总人数从31116人增加到了136617人,5年间总人数增加了3.39倍,年均增长率达34.43%。特别是2015—2016年,流动人口总数增加了57617人,增长率达到了72.93%。

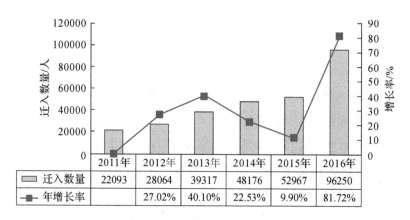

	2011年	2012年	2013年	2014年	2015年	2016年
迁入数量	22093	28064	39317	48176	52967	96250
年增长率		27.02%	40.10%	22.53%	9.90%	81.72%

图 9.18　2011—2016 年重点开发区域流动人口迁入数量变动趋势

（二）男性流动人口数量显著高于女性,现有产业结构对男性更有利

在未来科技城重点开发区域流动人口的性别比例方面,男性流动人口总数为 96374 人,占比为 70.54%(见图 9.19)。男性流动人口数明显多于女性流动人口数,这一现象与户籍人口中的性别对比完全相反,表明未来科技城重点开发区域的产业结构对男性劳动力的需求更多。

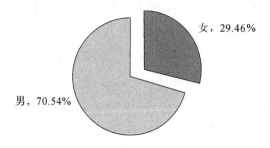

图 9.19　2016 年重点开发区域流动人口性别对比

（三）未婚流动人口超过五成,未来家庭团聚需求应予以考虑

在未来科技城重点开发区域流动人口的婚姻状况方面,已婚人数为 61076 人,占比 44.71%(见图 9.20)。一半以上的流动人口暂未成家,说明未来科技城重点开发区域流动人口的生活稳定性不高,人员流动率可能较大。合理推测,未来一段时期随着青年流动人口逐步进入婚育年龄,其家庭规模将明显扩大,对迁移落户、子女教育、医疗卫生等公共服务供给提出更高要求。对此,科技城管委会及有关部门应及时予以充实并做好相关的预案工作,避免公共服

务资源与人口分布的错位。

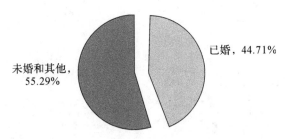

图 9.20 2016 年重点开发区域流动人口婚姻状况

(四)青年流动人口数量充足,人口红利优势明显

如上所述,流动人口的迁入能够为区域的经济发展提供充足的劳动力支持。截至 2016 年末,未来科技城重点开发区域流动人口中有 618 人处于 0~15 岁区间,占比为 0.45%;有 55049 人处于 16~30 岁区间,占比为 40.29%;有 29809 人处于 31~45 岁区间,占比为 21.82%;有 23004 人处于 46~59 岁区间,占比为 16.84%;有 2360 人处于 60 岁及以上区间,占比为 1.73%;年龄未作说明者为 25777 人(见图 9.21)。

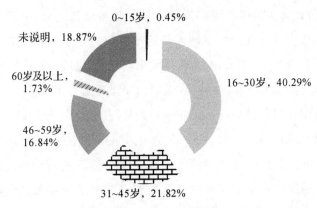

图 9.21 2016 年未来科技城重点开发区域流动人口就业年龄分布

总体来看,未来科技城重点开发区域的流动人口中处于就业年龄的有107862 人,占比为 78.95%。值得注意的是,青年流动人口在所有年龄区间中数量最多,这样一种巨大的人口红利将会成为未来科技城经济持续增长、产业持续汇聚的重要保障。从就业年龄分布来看,太炎社区和海创园区域流动人口年龄基本位于 16~30 岁(见图 9.22)。

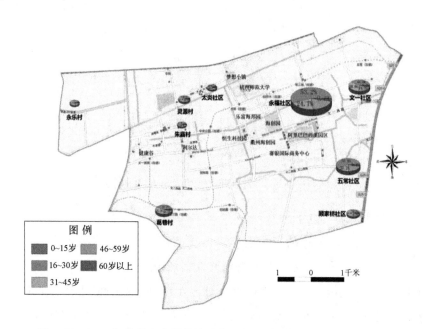

图 9.22　2016 年杭州未来科技城重点开发区域流动人口就业年龄分布

（五）未成年流动人口占比很小，短期内对义务教育需求不明显

除了从劳动力供给因素考虑流动人口的年龄结构之外，从教育资源配置的角度考察 22 岁以下青少年流动人口的年龄分布也是一个重要的维度。据不完全统计，截至 2016 年末，未来科技城重点开发区域流动人口中：0～3 岁的有 133 人，占比为 1.07%；4～6 岁的有 131 人，占比为 1.05%；7～12 岁的有 182 人，占比为 1.47%；13～15 岁的有 148 人，占比为 1.19%；16～18 岁的有 1415 人，占比为 11.39%；19～22 岁的有 10413 人，占比为 83.83%（见图 9.23、图 9.24）。由此来看，现阶段处于义务教育阶段的青少年流动人口数量占比并不大，短期内不会对区块内公共教育资源的配置带来过大影响。从分布看，虽然太炎社区和海创园区域的流动人口受教育年龄都开始于 7～12 岁，但是从受教育年限来看，远远高于其他社区。

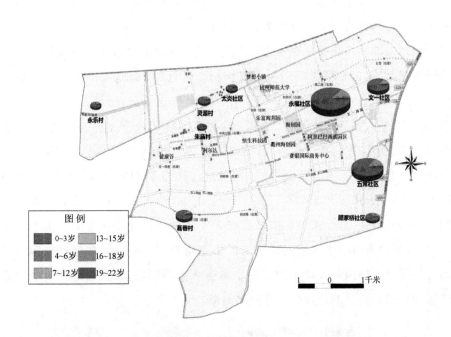

图 9.23　2016 年杭州未来科技城重点开发区域流动人口受教育年龄分布

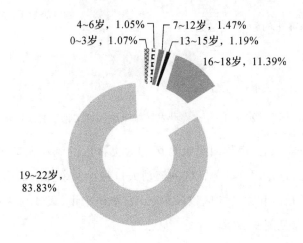

图 9.24　2016 年重点开发区域流动人口受教育年龄分布

（六）文化程度整体上与户籍人口相当，高学历者偏少是短板，海创园附近社区和太炎社区的流动人口学历相对较高

流动人口的文化程度在很大程度上决定了未来科技城重点开发区域的人力资本状况，其也必将影响到经济增长和产业发展。除去24862名未作说明者（占比为18.20％），截止到2016年末，未来科技城重点开发区域流动人口中：有71278人拥有初中及以下文化程度，占比为52.17％；有16677人拥有高中或中专学历，占比为12.21％；有22696人拥有大专及本科学历，占比为16.61％；有1104人拥有硕士及以上学历，占比为0.81％（见图9.25）。与户籍人口相比，未来科技城重点开发区域流动人口中的高学历人才数量和比例偏低，这表明：一方面，未来科技城重点开发区域的产业结构对劳动力素质要求较高，板块内吸引了大量高学历人才安家落户；另一方面，如何有效提高流动人口的学历层次和人口素质是一个亟待解决的问题，其从长远来看也势必将影响到未来科技城产业结构升级和高端产业的集聚。

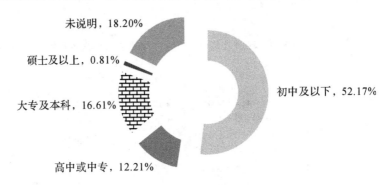

图9.25　2016年重点开发区域流动人口文化程度分布

从区域分布来看，海创园附近社区和太炎社区的流动人口文化程度以大专及以上为主，这是因为其他社区的流动人口往往从事低端的第三产业工作，而海创园附近社区和太炎社区以阿里巴巴、梦想小镇、天使村为依托，集聚的高端人才较多（见图9.26）。

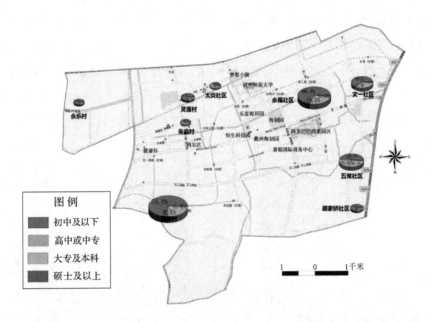

图 9.26 2016 年杭州未来科技城重点开发区域流动人口文化程度分布

三、未来科技城重点开发区域人口变动趋势与特征分析

在本部分的人口变动趋势分析中,因 2011 年未来科技城处于筹备状态,故将此年度作为统计分析的基期。本书在进行动态描述时协同统计 2011—2016 年的户籍人口变动情况及其相应的细分指标,所使用的原始数据来源于课题组在五常派出所和仓前派出所调研所获取的历年"人口及其变动情况统计报表",2016 年度的数据截止到当年 11 月 30 日。

(一)户籍人口快速增长,受公共资源配置约束状况日趋明显

如前所述,未来科技城重点开发区域被界定为五常街道的顾家桥社区、友谊社区、五常社区、文一社区、永福社区,以及仓前街道的灵源村、永乐村、朱庙村、葛巷村和太炎社区。通过整合历年"人口及其变动情况统计报表",可统计出未来科技城重点开发区域的户籍人口总数及其变动情况,具体见图 9.27。

由图 9.27 可知,2011—2016 年未来科技城重点开发区域的户籍总人口数呈现出平稳增长态势,从 2011 年的 34261 人逐步增长至 2016 年的 44499 人,增幅为 29.88%。从重点开发区域户籍总人口的增长率来看,出现了两个较为

明显的拐点：第一个是 2013 年 5.09％的人口增长率，表明未来科技城重点开发区域户籍人口由低速增长进入快速增长阶段，人口流动和人才引进的集聚效应开始凸显；第二个是 2015 年 6.78％的人口增长率，此后未来科技城重点开发区域户籍人口增长趋于平缓，表明板块内基础设施、公共服务、生态环境等综合承载力需进一步提升，以进一步激发人口集聚的经济社会效应。

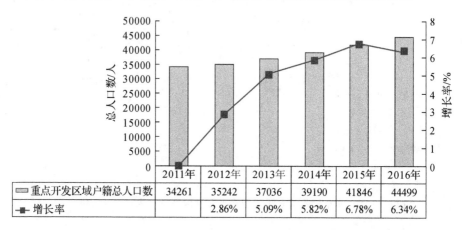

	2011年	2012年	2013年	2014年	2015年	2016年
重点开发区域户籍总人口数	34261	35242	37036	39190	41846	44499
增长率		2.86%	5.09%	5.82%	6.78%	6.34%

图 9.27　2011—2016 年重点开发区域户籍总人口变动趋势

进一步考察各年度重点开发区域的城镇户籍人口数，可以发现，2011—2016 年未来科技城重点开发区域的城镇户籍人口数整体上保持了平稳较快增长，从 2011 年的 22898 人逐步增加至 2016 年的 34157 人，见图 9.28。其中，2015 年出现了短暂下降，原因主要在于 2015—2016 年仓前街道的永乐村和葛巷村城镇人口数据缺失，一定程度上影响了测算结果。若进行合理推算，估计未来一段时期科技城重点开发区域的城镇户籍人口数仍将继续保持平稳增长态势。

值得注意的是，以重点开发区域城镇户籍人口增长率为指标进行测算，可发现近六年来该指标波动剧烈且下降趋势明显，出现了 2012 年的波峰和 2015 年的波谷两个拐点。其中，2012 年波峰出现的主要原因在于未来科技城项目启动所带来的政策红利的释放。此后一段时期，虽然重点开发区域城镇户籍人口增量的绝对值仍然有所上涨，但增长率下降趋势明显，从 2012 年的 21.15％持续下跌至 2014 年的 9.48％。自 2015 年出现了−5.80％的波谷之后,重点开发区域城镇户籍人口增长率出现反弹,重新进入7.88%的稳定增长阶段。目前来看,重点开发区域城镇户籍人口增长率预期尚不明朗,仍需进一步观望和谨慎看待。

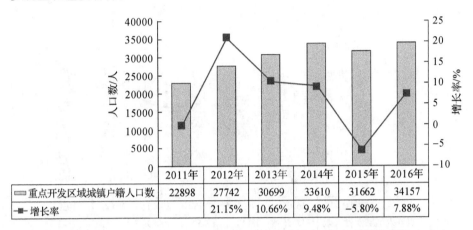

	2011年	2012年	2013年	2014年	2015年	2016年
重点开发区域城镇户籍人口数	22898	27742	30699	33610	31662	34157
增长率		21.15%	10.66%	9.48%	−5.80%	7.88%

图9.28　2011—2016年重点开发区域城镇户籍人口变动趋势

（二）男性增长率升高且增幅大于女性,人口性别比进一步拉大

从图9.29可知,2011—2016年间未来科技城重点开发区域户籍人口中,男女人口的绝对值始终保持平稳增长,这与科技城整体的人口性别比情况类似。其中,男性人口从2011年的16506人增加至2016年的21959人,增幅为33.04%;女性人口从2011年的17755人增加至2016年的22543人,增幅为26.97%。在考察期内,女性人口的绝对值始终略高于男性,这也与未来科技城整体的人口性别比情况相同。

但是,若进一步考察重点开发区域男性人口和女性人口的增长率,则可以发现,除2013年女性人口的同比增长率略高于男性之外,其余年份男性人口的同比增长率均高于女性。特别是自2014年以来,未来科技城重点开发区域的男性人口增长率总体升高与女性人口增长率总体下降的趋势并存,两者的差距进一步拉大。

据此判断,未来一段时期重点开发区域户籍人口的性别比方面:(1)男性人口与女性人口的绝对值数量将继续保持平稳增长,而且两者相差不大,人口性别比结构因此将维持一种比较稳定的状态。(2)在男女人口的增长率方面,鉴于重点开发区域的产业结构以信息技术和互联网等高新技术产业为主，对男性劳动力的需求相对较高，而且未来随着重点开发区域战略性新兴产业对人口集聚的经济效应进一步凸显，预计男女性人口增长率差距将进一步拉大。

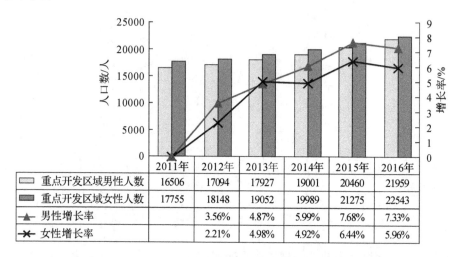

	2011年	2012年	2013年	2014年	2015年	2016年
重点开发区域男性人数	16506	17094	17927	19001	20460	21959
重点开发区域女性人数	17755	18148	19052	19989	21275	22543
男性增长率		3.56%	4.87%	5.99%	7.68%	7.33%
女性增长率		2.21%	4.98%	4.92%	6.44%	5.96%

图 9.29　2011—2016 年重点开发区域户籍人口性别状况

（三）劳动年龄人口持续快速增加，但仍面临较多的不确定性

与未来科技城总体样本的人口年龄分层相比，重点开发区域的户籍人口年龄分层呈现出的最大特点为 18～34 岁的青年人口增长迅速，从 2011 年的 9018 人增加至 2016 年的 13883 人，增幅高达 53.95%（见图 9.30）。但是，作为劳动力重要来源的 35～59 岁人口的增长却相对平缓，从 2011 年的 13901 人增加至 2016 年的 14699 人，增幅仅为 5.74%。究其原因，主要可能在于未来科技城重点开发区域的产业结构以信息技术和互联网等战略性新兴产业为主，此类产业对青年高层次、高技能人才的需求较大，因此近六年来此年龄段的人口持续快速增加。

此外，重点开发区域人口年龄分层的另一大特点是 0～17 岁人口的增幅（51.27%）明显高于 60 岁及以上人口的增幅（30.94%）。这表明未来科技城重点开发区域今后面临的公共服务配置刚需将主要集中在教育等相关领域，对老年人口的医疗、看护等公共服务的需求短期内不会出现强约束，将继续维持在一个相对平稳的态势。

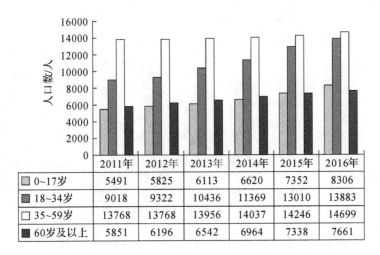

	2011年	2012年	2013年	2014年	2015年	2016年
☐ 0~17岁	5491	5825	6113	6620	7352	8306
■ 18~34岁	9018	9322	10436	11369	13010	13883
☐ 35~59岁	13768	13768	13956	14037	14246	14699
■ 60岁及以上	5851	6196	6542	6964	7338	7661

图9.30　2011—2016年重点开发区域人口年龄结构分层

　　进一步考察未来科技城重点开发区域户籍人口中的劳动年龄人口,可以发现,2011—2016年间重点开发区域的劳动年龄人口虽然总量上保持了平稳较快增长,从22919人增加到28582人(增幅为24.71%),但增长率却有较大起伏,突出表现为"一峰两谷",即2015年7.28%的波峰和2014年(4.16%)、2016年(4.86%)的两个波谷,具体见图9.31。这表明,在经济—人口集聚效应的发挥过程中,未来科技城重点开发区域劳动年龄人口增长的稳定性仍面临着较多的不确定性,其沉淀的有效性还需进一步巩固和加强。

　　(四)人口自然增长率平稳增长,2015年之后出现明显跃升

　　重点开发区域户籍人口的自然增长情况与未来科技城整体板块的情况相似,呈现出波动性上升的显著特征。首先,从户籍人口自然增长的绝对数量来看,除2013年略有下降之外,其余年份均具有平稳上升的特点,从2011年的258人逐步增加至2015年的479人,而且在2016年出现了653人的明显跃升。其次,从人口自然增长率来看,可将整个观察期分为2011—2013年和2014—2016年两个时间段(见图9.32)。

　　据此进行合理推断,在未来一段时期,重点开发区域户籍人口的自然增长率将继续保持两位数的中高速增长,而且随着二孩政策效应的进一步凸显,预计重点开发区域人口自然增长率可能出现进一步的跃升,届时将对重点开发区域的医疗和教育等公共服务资源提出新的、更高的要求,需要引起有关部门

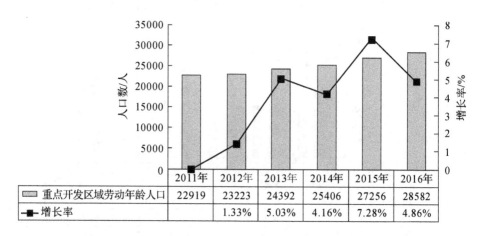

图 9.31　2011—2016 年重点开发区域劳动年龄人口及增长率

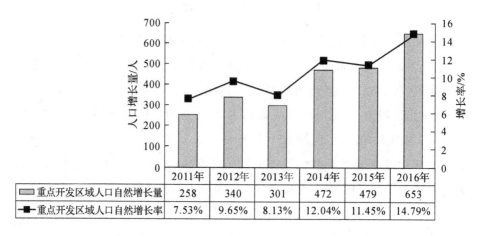

图 9.32　2011—2016 年重点开发区域户籍人口自然增长率

的充分重视。

（五）人口机械增长率出现大规模爆发，洼地效应进一步凸显

未来科技城作为杭州经济发展新的增长极，近年来洼地效应逐步凸显，经济—人口集聚效应和政策红利的充分释放，引致了更多的人口流入和有效的沉淀落户（见图 9.33）。2011—2016 年间，未来科技城重点开发区域的户籍人口机械增长量出现了大规模的爆发，从 2011 年的 96 人迅速增加至 2016 年的 2962 人，增长了 29.85 倍。其中，除了 2014 年重点开发区域的户籍人口机械增长绝对值出现了小幅下降之外，其余年份均保持了近 2 倍的增长速度。与

之相适应,考察期内的重点开发区域户籍人口机械增长率也由 2011 年的 2.80%迅速增长至 2013 年的 40.72%。特别是 2015 年之后,随着区块内的落户政策和人才引进政策等的相继开放,重点开发区域人口机械增长率进入了 60%的高位增长区间。

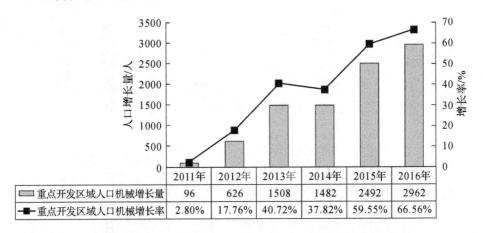

	2011年	2012年	2013年	2014年	2015年	2016年
重点开发区域人口机械增长量	96	626	1508	1482	2492	2962
重点开发区域人口机械增长率	2.80%	17.76%	40.72%	37.82%	59.55%	66.56%

图 9.33　2011—2016 年重点开发区域户籍人口机械增长率

有理由相信,在未来一段时期,重点开发区域的户籍人口机械增长率仍将维持高位运行状态,这将进一步激发重点开发区域的潜在消费需求、加快产业机构优化调整,从而带来更为显著的经济社会发展效益。当然,人口机械增长率的提高也对交通、医疗、教育、卫生、环保、治安等公共服务提出了更高的要求,建议科技城管委会及有关部门在拟定未来发展规划时,重点考虑落户政策的开放、人才引进政策的完善,及时弥补公共资源配置中的短板。

此外,若进一步考察五常街道和仓前街道对重点开发区域户籍人口机械增长率的贡献,可以发现三个特点:一是未来科技城项目的启动有效扭转了五常街道人口净流出的状况(2011 年净流出 237 人),自 2012 年以来,该区域内的户籍人口机械增长量出现了显著增加;二是仓前街道的户籍人口机械增长量跃升态势明显,虽然 2016 年该数值略有下降,但毫无疑问已经成为拉动重点开发区域户籍人口机械增长率提高的关键;三是以 2013 年为分界线,仓前街道的户籍人口机械增长贡献率超过五常街道。具体来看,2012 和 2013 年五常街道的户籍人口净流入绝对值高于仓前街道,2014 年起仓前街道的户籍人口净流入绝对值和增幅则均高于五常街道,两者对重点开发区域户籍人口机械增长率的贡献作用发生了根本扭转,具体见图 9.34。

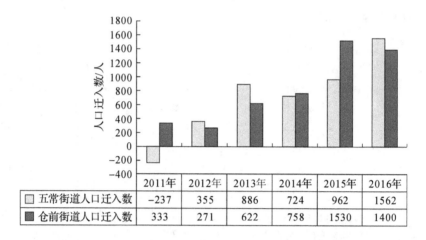

	2011年	2012年	2013年	2014年	2015年	2016年
□ 五常街道人口迁入数	−237	355	886	724	962	1562
■ 仓前街道人口迁入数	333	271	622	758	1530	1400

图 9.34 2011—2016 年五常街道和仓前街道人口迁入数量

第三节 优化未来科技城人口结构与公共服务的对策建议

一、设置高学历人才绿色通道,强化人才迁入积极性和沉淀有效性

在文化程度方面,重点开发区域流动人口的受教育程度整体上与户籍人口差异不大,但需要指出的是在硕士及以上学历的高端人才方面,户籍人口的占比要远远高于流动人口,也远远高于我国硕士及以上学历占总人口的比重。其原因主要在于未来科技城重点开发区域的产业结构以互联网和信息技术等高新技术产业为主,能够吸引大量高技能和高学历型人才来此安家落户。对此,要继续加大对高学历、高技能人才的引进力度,户籍管理政策要向高学历高技能人群倾斜,同时为这一群体能够在辖区安居乐业创造更加优越舒适的条件,进一步增强高层次人才的有效沉淀(徐靖,2018)。加快建设基本要素齐全、创新创业主体活跃的人才创新创业生态系统,通过打造人才生态优、创新

活力强、发展环境佳的高端人才特区,逐步提升流动人口的专业化、市场化和精细化程度(储君,牛强,2019)。

二、强化重点基础设施和公共服务的有效供给,适应流动人口快速增长的需要

针对未来科技城流动人口快速增长的需要,以打造人口集聚和创新创业的一流环境为目标,高标准完善区块内的城市基础设施,增强流动人口对未来科技城的经济贡献度(庞佳敏,2013)。首先深入开展绿色交通网络体系、海绵城市、公共空间、公共设施布点等规划建设,探索各类用地空间的功能布局与有效利用,着力提升区块对人口流迁的综合承载力。其次,建议按照城市副中心建设标准,加大基础设施投资力度,重点加快杭州铁路西站、地铁、杭临城际铁路等项目建设,为人口流迁和有效沉淀提供现实依托(刘林,2016)。

由于未来科技城的流动人口增幅较大,且处于婚育年龄的人口比例相当高,预计未来5～10年将会对区块内的义务教育和医疗卫生等公共服务产生强大刚需。对此,建议加快浙大一院余杭院区、学军中学海创园学校、国际教育园、杭师大附属实验学校等项目建设,着力提高医疗和教育资源的供给和质量,满足人口结构变动带来的公共服务刚需。同时借力区块内信息技术产业的先发优势,全面开展智慧城市建设,强化智慧社区、智慧教育、智慧医疗等领域的应用示范,高标准建设教育、卫生、文化、体育等重点项目(韩世博,2016)。

三、完善流动人口迁移落户政策,充分利用科技城人口红利

在人口的就业年龄结构方面,户籍人口中60岁及以上人口占比接近两成,且流动人口中60岁及以上人口仅占比不到2%,差异十分明显,而且流动人口中有将近一半是30岁以下的青年群体。这表明未来科技城对外来青年流动人口的吸纳能够有效地缓解户籍人口中日趋严重的老龄化,能够对未来科技城的经济发展提供有力的劳动力支持。对此,应继续创造条件、发挥优势来吸引更多优秀流动人口来科技城工作,从而弥补户籍人口老龄化问题对经济发展带来的负面效应。

四、落实重点商贸服务项目建设计划,强化女性就业的公共服务配套

在人口性别比方面,重点开发区域户籍人口中女性数量要明显多于男性,而流动人口中男性数量明显多于女性。这表明未来科技城目前的产业结构和工作机会对男性劳动力更为有利,而女性劳动者从业相对集中的服务业领域中的工作机会相对缺乏,这也从一个侧面反映出未来科技城重点开发区域的服务配套设施还有进一步完善的空间。对此,应在继续发展目前特色和优势产业的基础之上,更多引进商业、娱乐、餐饮等服务配套项目,以增强女性的就业稳定性为目标,以强化女性就业的公共服务配置为抓手,逐步缩小区块内的人口性别比差距(刘璐,2014)。同时,能够提升服务业对未来科技城经济发展的贡献度,也能够满足辖区居民的商业娱乐等消费需求,补齐未来科技城商贸服务项目缺乏的"短板",提高居民生活便利性和满意度。

五、积极筹备适龄儿童教育资源配置,应对流动人口激增需求

在 22 岁以下人口的年龄结构方面,户籍人口中有八成处于 18 岁以下年龄段,而流动人口中处于 18 岁以下年龄段的仅不足两成,情况截然相反。这表明目前未来科技城中小学公共教育资源的配置应主要以户籍人口子女的需求为主,短时期内流动人口适龄子女的义务教育问题不会对未来科技城整体的教育资源配置造成很大压力,但由于婚姻状况的指标显示,流动人口中未婚者占据多数,其未来在家庭服务、子女教育等方面的需求可能会呈现集聚式爆发的特点,应当提早筹划相应公共服务资源的配置问题。

参考文献

Adner R. Match Your Innovation Strategy to Your Innovation Ecosystem [J]. Harvard Business Review,2006,84(4):98-107.

Aghion P, Howitt P, Mayer-Foulkes D. The Effect of Financial Development on Convergence: Theory and Evidence . Quarterly Journal of Economics, 2005(120):173-222.

Bencivenga V,Smith B, Start R. Transactions Costs, Technological Choice, and Endogenous Growth [J]. Journal of Economic Theory, 1995: 153-177.

Canepa A, Stoneman P. Financial Constraints to Innovation in the UK: Evidence from CIS2 and CIS3. Oxford Economic Papers, 2008(60):711-730.

Chin M S , Chou Y K . Financial Innovations and Endogenous Growth[J]. Department of Economics-Working Papers Series,2001(24):1-24.

Cooke P. Regional Innovation Systems, Clusters, and the Knowledge Economy[J]. Industrial and Corporate Change, 2001, 10(4):945-974.

Furman J L, Porter M E, Stern S. The Determinants of National Innovative Capacity[J]. Research Policy,2002,31(6):899-933.

Greunz L. Geographically and Technologically Mediated Knowledge Spillovers between European Regions[J]. Annals of Region Science, 2003, 37(4):657-680.

Iansiti M,Levien R. Strategy as Ecology[J]. Harvard Business Review, 2004,82(3):68-78,126.

Katz B J，Wagner J. The Rise of Innovation Districts：a New Geography of Innovation in America[J]. Metropolitan Policy Program at Brookings，2014(5).

Katz B J，Wagner J. The Rise of Urban Innovation Districts[J]. Harvard Business Review，2014，12(4)：14-18.

Lawson C，Lorenz E. Collective Learning，Tacit Knowledge and Regional Innovative Capacity[J]. Regional Studies，1999(33)：305-317.

Levine R，Loayza N，Beck T. Financial Intermediation and Growth：Causality and Cause[J]. Journal of Monetary Economics，2000(46)：31-77.

Riddel M，Schwer R K. Regional Innovative Capacity with Endogenous Employment：Empirical Evidence from the U. S. [J]. The Review of Regional Studies，2003，33(1)：73-84.

Saint-Paul G. Technological Choice，Financial-Markets and Economic-Development[J]. European Economic Review，1992，36(4)：763-781.

Schiuma G，Lerro A. Knowledge-Based Capital in Building Regional Innovation Capacity[J]. Journal of Knowledge Management，2008(5)：121-136.

Schumpeter J A. The Theory of Economy Development[M]. Cambridge，MA：Harvard University Press，1912.

Solow R M. Technical Change and the Aggregate Production Function[J]. Review of Economics and Statistics，1957(39)：312-320.

Tura T，Harmaakorpi V. Social Capital in Building Regional Innovative Capability[J]. Regional Studies，2005，39(8)：1111-1125.

埃比尼泽·霍华德. 明日的田园城市[M]. 金经元，译. 北京：商务印书馆，2000.

安纳利·萨克森宁. 地区优势：硅谷和128公路地区的文化与竞争[M]. 曹蓬，等译. 上海：上海远东出版社，2000.

保罗·克鲁格曼. 发展、地理学与经济理论[M]. 蔡荣，译. 北京：北京大学出版社,2000.

鲍昀,胡佳男.地方政府融资平台风险应对——以中部某省为例[J].求实,
　　2013(S1)：146－148.

曹湛,彭震伟.全球城市与全球城市－区域"属性与网络"的关联性——以上海
　　和长三角为例[J].经济地理,,2017(5):1－11.

陈恒,李文硕.全球化时代的中心城市转型及其路径[J].中国社会科学,2017
　　(12);72－93,206－207.

陈红霞.开发区产城融合发展的演进逻辑与政策应对——基于京津冀区域的
　　案例分析[J].中国行政管理,2017(11);95－99.

陈劲,陈钰芬,余芳珍.FDI对促进我国区域创新能力的影响[J].科研管理,
　　2007(1);7－13.

陈立书.美国硅谷成功的经验借鉴[J].法制博览,2015(30);288－289.

陈琦.硅谷模式对上海创建全球科创中心的政策启示——基于区域创新网络
　　理论[J].商业经济研究,2017(1);209－211.

陈瑜,谢富纪.基于ESDA的中国长三角地区创新空间分异及演进研究[J].技
　　术经济,2017(3);8－13.

程叶青等.中国区域创新的时空动态分析[J].地理学报,2004(12);1779
　　－1789.

程叶青,王哲野,马靖.中国区域创新的时空动态分析[J].天津大学学报(社会
　　科学版),2014(4);303－306.

储君,牛强.新城对大都市人口的疏解和返流作用初析——以北京新城规划建
　　设为例[J].现代城市研究,2019(4);72－76.

丛海彬,段巍,吴福象.新型城镇化中的产城融合及其福利效应[J].中国工业
　　经济,2017(11);62－80.

邓智团.创新街区研究:概念内涵、内生动力与建设路径[J].城市发展研究,
　　2017(8);42－48.

丁涛,胡汉辉.金融支持科技创新国际比较及路径设计[J].软科学,2009(3);
　　50－54.

丁志伟,康珈瑜,温倩倩,等.中原经济区城市创新水平的空间分异及其影响因

素[J].地域研究与开发,2018(2):14—19.

樊霞,贾建林,孟洋仪.创新生态系统研究领域发展与演化分析[J].管理学报,2018(1):151—158.

范保群,王毅.战略管理新趋势:基于商业生态系统的竞争战略[J].商业经济与管理,2006(3):3—10.

高颖.人口流动背景下的大都市人口结构变迁与治理[J].河北学刊,2016(7):55—59.

顾朝林.城市群研究进展与展望[J].地理研究,2007(5):771—784.

关成华,赵峥.中国城市科技创新发展报告 2017[M].北京:科学出版社,2017.

官建成,何颖.基于 DEA 方法的区域创新系统的评价[J].科学学研究,2005(2):265—272.

郭兵,罗守贵.地方政府财政科技资助是否激励了企业的科技创新?——来自上海企业数据的经验研究[J].上海经济研究,2015(4):70—78,86.

韩世博.人口集聚与城镇化协调发展研究[D].长春:吉林大学,2016.

韩心灵,华兴顺.区域城乡发展一体化指标体系构建与实证分析——以安徽省为例[J].经济视角,2017(1):61—71.

胡琳娜,张所地,陈劲.锚定＋创新街区的创新集聚模式研究[J].科学学研究,2016(12):1886—1896.

黄亮,王振,陈钟宇.产业区的产城融合发展模式与推进战略研究——以上海虹桥商务区为例[J].上海经济研究,2016(8):103—111,129.

黄鲁成.区域技术创新系统研究:生态学的思考[J].科学学研究,2003(2):215—219.

贾康,孟艳.运用长期建设国债资金规范和创新地方融资平台的可行思路探讨[J].理论前沿,2009(8):9—11.

解鑫,刘芳芳,冯锋.以企业为主体视角下的我国区域创新效率评价研究——基于 30 个省域面板数据[J].科技管理研究,2015(1):49—53.

雷蒙德・W.戈德史密斯.金融结构与金融发展[M].上海:上海三联书店,1994.

李国平,王春杨.我国省域创新产出的空间特征和时空演化——基于探索性空间数据分析的实证[J].地理研究,2012(1):95—106.

李健.创新时代的新经济空间——从全球创新地理到地方创新城区[M].上海:上海社会科学出版社,2016.

李健,屠启宇.创新时代的新经济空间:美国大都市区创新城区的崛起[J].城市发展研究,2015(10):91—97.

李世奇,朱平芳.长三角一体化评价的指标探索及其新发现[J].南京社会科学,2017(7):33—40.

李万,常静,王敏杰,等.创新3.0与创新生态系统[J].科学学研究,2014(12):1761—1770.

李妍,何健文,刘永子,等.广东创新指数的构建及评价分析[J].科技创新发展战略研究,2017(2):49—56.

李云龙.基于生命周期理论的我国航空产业集群演化分析[J].天津科技,2017(2):8—12.

李钟文,等.硅谷优势:创新与创业精神的栖息地[M].北京:人民出版社,2002.

梁运文,谭力文.商业生态系统价值结构、企业角色与战略选择[J].南开管理评论,2005(1):57—63.

刘国斌.人口集聚与城镇化协调发展研究[J].人口学刊,2016(3):47—52.

刘鉴,杨青山,江孝君,等.长三角城市群城市创新产出的空间集聚及其溢出效应[J].长江流域资源与环境,2018(2):225—234.

刘立霞.我国科技金融效率研究——基于DEA-Malmquist模型分析[J].天津商业大学学报,2017(3):27—32.

刘林.小城镇提升人口集聚能力的路径思考[J].城市观察,2016(8):81—84.

刘璐.城市公共物品供给对人口集聚的影响[D].重庆:重庆大学,2014.

刘煜辉.高度关注地方投融资平台的"宏观风险"[J].中国金融,2010(5):64.

柳卸林,丁雪辰,高雨辰.从创新生态系统看中国如何建成世界科技强国[J].科学学与科学技术管理,2018(3):3—12.

柳卸林,胡志坚,等.中国区域创新能力报告[R].北京:中华人民共和国科学技术部,2002.

柳卸林,孙海鹰,马雪梅.基于创新生态观的科技管理模式[J].科学学与科学技术管理,2015(1):18—27.

鲁志国,潘凤,闫振坤.全球湾区经济比较与综合评价研究[J].科技进步与对策,2015(6):112—116.

吕一博,蓝清,韩少杰.开放式创新生态系统的成长基因——基于 IOS、Android 和 Symbian 的多案例研究[J].中国工业经济,2015(5):148—160.

马静,邓宏兵,蔡爱新.中国城市创新产出空间格局及影响因素——来自285个城市面板数据的检验[J].科学学与科学技术管理,2017(10):12—25.

梅亮,陈劲,刘洋.创新生态系统:源起、知识演进和理论框架[J].科学学研究,2014(12):1771—1780.

帕特里克·格迪斯.进化中的城市[M].李浩,等译.北京:中国建筑工业出版社,2012.

潘家栋.锚企业与科技新城共生模式研究:以阿里巴巴和杭州未来科技城为例[J].科技进步与对策,2019(1):4—8.

潘锦云,丁羊林.新型城镇化视角下产城融合理论与发展路径研究[J].安庆师范学院学报,2016(5):102—106.

庞佳敏.大型居住社区导入人口结构分析及公安服务管理对策研究[J].改革与开放,2013(5):35—38.

彭兴莲,陈佶玲.产城融合互动机理研究——以苏州工业园区为例[J].企业经济,2017(1):181—186.

邵云飞,范群林,唐小我.基于内生增长模型的区域创新能力影响因素研究[J].科研管理,2011(9):28—34.

盛朝迅.现代化经济体系视野的"创新创业升级版"路径找寻[J].改革,2017(12):49—53.

史宝娟,邓英杰.资源型城市发展过程中产城融合生态化动态耦合协调发展研究[J].生态经济,2017(10):122—125.

史修松,赵曙东,吴福象.中国区域创新效率及其空间差异研究[J].数量经济技术经济研究,2009(3):45—55.

舒鑫,林章悦.平衡与深化:产城融合视角下新型城镇化的金融支持[J].商业经济研究,2017(18):154-156.

苏炜,张熙,张红娜.广东专业镇产业变动趋势分析[J].科技管理研究,2018(24):127-133.

孙晨光,朱文一.布鲁斯·卡兹"城市创新区"理论的解读及其对北京的启示[J].城市设计,2018(1):22-33.

孙慧,陈杨杨,范志清.从国际经验看我国地方政府融资平台发展创新[J].国际经济合作,2010(10):60-62.

孙雪芬.政府引导型区域科技金融体系构建——基于杭州未来科技城实践的研究[J].治理研究,2018(7):13-18.

谭俊涛,张平宇,李静.中国区域创新绩效时空演变特征及其影响因素研究[J].地理科学,2016(1):39-46.

滕堂伟,陈佳怡,翁玲玲.长江经济带城市创新绩效空间分异与政府作用[J].地理科学,2018(1):18-25.

王春杨,张超.中国地级区域创新产出的时空模式研究——基于 ESDA 的实证[J].地理科学,2014(12):1438-1444.

王发明,朱美娟.创新生态系统价值共创行为影响因素分析——基于计划行为理论[J].科学学研究,2018(2):370-377.

王俊松,颜燕,胡曙虹.中国城市技术创新能力的空间特征及影响因素——基于空间面板数据模型的研究[J].地理科学,2017(1):11-18.

王蕾,管子慧,张偲琪,等.中国普惠金融耦合协调关系及时空分异研究——来自省际面板数据的证据[J].软科学,2017(7):10-15.

王娜,王毅.产业创新生态系统组成要素及内部一致模型研究[J].中国科技论坛,2013(5):24-29,67.

王庆喜,张朱益.我国省域创新活动的空间分布及其演化分析[J].经济地理,2013(10):8-15.

王胜今,王智初.中国人口集聚与经济集聚的空间一致性研究[J].人口学刊,2017(6):32-36.

王永进,盛丹,李坤望.中国企业成长中的规模分布——基于大企业的研究

[J].中国社会科学,2017(3):26—47.

王元京,张潇文.城镇基础设施和公共服务设施投融资模式研究[J].财经问题研究,2013(4):35—41.

魏守华,吴贵生,吕新雷.区域创新能力的影响因素——兼评我国创新能力的地区差距[J].地理研究,2010(1):95—106.

沃尔特·克里斯塔勒.德国南部中心地原理[M].常正文,王兴中,译.北京:商务印书馆,2011.

吴翌琳,谷彬.金融支持创新影响机制的三阶段递推 CDM 模型研究[J].财经问题研究,2012(12):45—51.

吴玉鸣.大学、企业研发与首都区域创新的局域空间计量分析[J].科学学研究,2006(3):398—404.

武晓静,杜德斌,肖刚,等.长江经济带城市创新能力差异的时空格局演变[J].长江流域资源与环境,2017(4):490—499.

夏鸿义,李永壮,张德环.国内外典型科技金融模式研究[J].北京财贸职业学院学报,2016(3):11—16.

向华丽.大城市非正式迁移人口的空间流场特征及其人口结构差异[J].人口与社会,2015(1):66—69.

谢呈阳,胡汉辉,周海波.新型城镇化背景下"产城融合"的内在机理与作用路径[J].财经研究,2016(1):72—82.

谢世清.城市基础设施的投融资体制创新:"重庆模式"[J].国际经济评论,2009(7):59—63.

谢守红,甘晨于,海影.长三角城市群创新能力评价及其空间差异分析[J].城市问题,2017(8):92—95.

熊彼特.经济发展理论[M].何畏,易家详,等译.北京:商务印书馆,1990.

徐靖.新城人口导入机制与调控对策研究[D].上海:华东师范大学,2018.

徐珊,刘笃池,梁彤缨.大企业创新投入驱动区域产业升级效应研究[J].科学学与科学技术管理,2016(10):38—48.

徐晓勇.中国小城镇人口集聚能力的省际比较分析[J].西北人口,2013(4):1—6,11.

许学强,周一星,宁越敏.城市地理学[M].北京:高等教育出版社,2009.

杨东亮,任浩锋.中国人口集聚对区域经济发展的影响研究[J].人口学刊,2018(3):72－76.

杨雪锋,徐周芳.科技新城产城融合的区位类型、路径选择及政策支持[J].学习与实践,2017(4):14－22.

姚莲芳.新城新区产城融合体制机制改革与创新的思考[J].改革与战略,2016(7):46－50.

姚士谋,李青,武清华,等.我国城市群总体发展趋势与方向初探[J].地理研究,2010(8):1345－1354.

余英.流动人口市民化的财政压力效应——基于28个核心城市面板数据的分析[J].商业研究,2018(8):77－81.

苑秀娥,王佳伟.河北区域科技创新指数的构建及评价[J].经济研究参考,2018(22):64－69.

曾国屏,苟尤钊,刘磊.从"创新系统"到"创新生态系统"[J].科学学研究,2013(1):4－12.

曾胜,卜政.我国公共科技金融发展评价及区域差异研究[J].重庆工商大学学报(社会科学版),2017(4):29－36.

张鸿武,李涛.长三角和珠三角城市群创新的空间效应及影响因素研究——基于空间面板杜宾模型的比较分析[J].湖南科技大学学报(社会科学版),2018(4):69－76.

张建伟,窦攀烽,张永凯,等.江苏省县域创新产出空间计量经济分析[J].干旱区地理,2017(1):222－229.

张磊,黄秋,高旭,等.产城融合导向下城市扩张多智能体模型——以天津市为例[J].干旱区地理,2017(4):881－887.

张理平.资产证券化与地方政府融资平台建设[J].经济体制改革,2010(4):131－135.

张锐.世界湾区经济的建设经验与启示[J].中国国情国力,2017(5):31－34.

张永强,周生辉.动态环境下的动态商业模式探讨[J].信息系统工程,2017(12):27－29.

赵昌文,陈春发,唐英凯.科技金融[M],北京:科学出版社,2009.

赵放,曾国屏.多重视角下的创新生态系统[J].科学学研究,2014(12):1781—1788,1796.

赵磊,方成,丁烨.浙江省县域经济发展差异与空间极化研究[J].经济地理,2014(7):36—43.

甄峰,黄朝永,罗守贵.区域创新能力评价指标体系研究[J].科学管理研究,2000(6):45—53.

周沉帆.我国地方政府投融资平台资金来源及偿债能力研究[J].金融监管研究,2012(5):26—40.

朱迪·埃斯特琳.美国创新在衰退?[M].北京:机械工业出版社,2010.

朱海就.区域创新能力评估的指标体系研究[J].科研管理,2004(3):30—35.

朱旭.城乡一体化发展评价指标体系构建与阶段划分的研究——以大西安为例[J].旅游纵览,2018(7):152.

后 记

　　本书是中共浙江省委党校杭州未来科技城创新团队的研究成果,兼具理论性与实践性。杭州未来科技城是浙江省加快供给侧结构性改革、实施创新驱动发展战略的重大战略举措。经过多年探索,杭州未来科技城初步形成了独具特色、成效显著的发展模式,特别是 2016 年杭州城西科创大走廊的总体规划建设,大大加快了未来科技城在重大科技创新平台建设、新兴产业前沿跟踪、高端要素集聚、城市国际化发展等方面的建设步伐,成为浙江省供给侧结构性改革新样板和杭州城市创新发展的新引擎。

　　本书得到了杭州未来科技城管委会的大力支持,中共浙江省委党校徐明华副校长总体策划并指导理论研究,中共浙江省委党校图书馆刘庆华馆长在数据库建设方面给予了大力支持,在此一并表示感谢。

　　本书撰写的具体分工如下。前言,包海波;第一章,徐梦周;第二章,包海波、徐梦周;第三章,包海波、徐奔;第四章,张默含、包海波;第五章,潘家栋;第六章,徐梦周、杨大鹏;第七章,潘家栋;第八章,孙雪芬;第九章,许光、易龙飞。全书由包海波、潘家栋负责联络、协调和统稿。

　　出于时间仓促等原因,书中难免存在一些不当之处,敬请读者不吝指正。

作 者

2019 年 8 月

图书在版编目(CIP)数据

城市创新空间发展的模式与路径研究 / 包海波等著.
—杭州：浙江大学出版社，2020.6(2021.9重印)
ISBN 978-7-308-20052-3

Ⅰ.①城… Ⅱ.①包… Ⅲ.①城市建设－研究－中国
Ⅳ.①F299.21

中国版本图书馆 CIP 数据核字(2020)第 032543 号

城市创新空间发展的模式与路径研究
包海波　徐梦周　等著

责任编辑	吴伟伟 weiweiwu@zju.edu.cn
责任校对	杨利军　夏湘娣
封面设计	雷建军
出版发行	浙江大学出版社
	（杭州市天目山路 148 号　邮政编码 310007）
	（网址:http://www.zjupress.com）
排　　版	浙江时代出版服务有限公司
印　　刷	广东虎彩云印刷有限公司绍兴分公司
开　　本	710mm×1000mm　1/16
印　　张	11.5
字　　数	182 千
版 印 次	2020 年 6 月第 1 版　2021 年 9 月第 2 次印刷
书　　号	ISBN 978-7-308-20052-3
定　　价	68.00 元